PRATIQUE ET DÉONTOLOGIE NOTARIALES EN DROIT POSITIF

Études africaines

Collection dirigée par Denis Pryen et François Manga Akoa

Dernières parutions

Hopiel EBIATSA, *La monarchie de droit ancestral TEKE. Sacralité et autorité*, 2012.

Georges KIBONG A MIRA, *Régulation du marché des télécommunications en Afrique*, 2012.

Mahamadou DANDA, *Niger : le cas du Damagaram. Développement régional et identités locales*, 2012.

Ngimbi KALUMVUEZIKO, *Congo-Zaïre, Le destin tragique d'une nation, 2e édition revue et corrigée*, 2012.

Mathieu DEHOUMON, *La discrimination au travail en Afrique, Analyse des procédés de l'O.I.T.*, 2012.

Abdoulaye KEITA, *Sécurité alimentaire et organisations agricoles et rurales au Mali*, 2012.

Jean-Marc BIKOKO, *Le syndicalisme à la croisée des chemins,* 2012.

Jean-Baptiste MALENGE Kalunzu, *Philosophie africaine, philosophie de la communication,* 2012.

Mohamed BERRIANE, Hein de HAAS, *Les recherches sur les migrations africaines*, 2012.

Aimé MPEVO MPOLO, *Les quatre tournants manqués de l'Université congolaise. Analyse des réformes académiques du Congo-Zaïre (1971-2011)*, 2012.

Samuel NGUEMBOCK, *La politique européenne de sécurité et de défense en Afrique centrale*, 2012.

B. MUREME K., *Manuel d'histoire politique et sociale du Rwanda contemporain suivant le modèle Mgr Alexis Kagame, Tomes 1 et 2*, 2012.

François Claude DIKOUME, *Le service public du sport en Afrique noire, L'exemple du Cameroun*, 2012.

Robert AKINDE (sous la dir. de), *Les acquis économiques du Bénin de 1960 à 2010*, 2012.

Christian EBOUMBOU JEMBA, *Transports et développement urbain en Afrique*, 2012.

William BOLOUVI, *Un regard inquiet sur l'Afrique noire*, 2012.

Julien COMTET, *Mémoires de djembéfola. Essai sur le tambour djembé au Mali. Méthode d'apprentissage du djembé (avec partitions et CD)*, 2012.

Hygin Didace AMBOULOU

PRATIQUE ET DÉONTOLOGIE NOTARIALES EN DROIT POSITIF

L'Harmattan

5-7, rue de l'École-Polytechnique ; 75005 Paris

http://www.librairieharmattan.com
diffusion.harmattan@wanadoo.fr
harmattan1@wanadoo.fr

ISBN : 978-2-296-99339-6

EAN : 9782296993396

« A la question sur l'usage immodéré des droits et devoirs, je réponds simplement que si quelqu'un se donne assez de droits pour lui-même, il tend vers sa déconfiture. S'il se donne assez de devoirs pour les autres, il tend vers son progrès. Et, s'il ignore par quelle sagesse la société lui tient tel droit ou tel devoir, il tend vers une vie d'absurdité profonde et finit par devenir ou minable malandrin, ou misérable personnage. Cette réponse évidente n'est pas philosophique. Parce qu'aucune éthique véritable ne peut être considérée à une échelle autre que celle des valeurs et des mœurs qui sous-tendent toute profession noble. Or la philosophie ne s'occupe pas des questions évidentes »

Hygin Didace AMBOULOU

PREFACE

Si une profession doit être apprise, elle a besoin de supports pour être enseignée. Le notariat n'échappe pas à cette exigence classique, tant il a été soumis, des époques durant, à de nombreux soubresauts, progrès et réactions. Le présent ouvrage correspond à l'enseignement de cette profession qui n'est pas sans risque pour le notaire et sa clientèle. Et, comme au sein des facultés, écoles et instituts, existent très souvent des enseignements spécifiques de droit notarial centrés sur le droit de la famille, le droit des affaires et la fiscalité, l'auteur s'est contenté de quelques brèves informations sur ces matières, renvoyant à d'autres ouvrages pour leur étude. Mais, entre sa rédaction et sa publication, les évolutions peuvent intervenir sous la forme d'autres textes et jurisprudences. Les lecteurs voudront bien l'en excuser et se reporter, s'il y a lieu, à d'autres ouvrages qui ne manqueraient pas de paraître. Le droit est une matière évolutive. En outre, parler du notariat conduit nécessairement à se demander ce que font les notaires, comment ils le font et sous quelles conditions ils doivent le faire. Cela suppose que cette profession qui existe de manière autonome par rapport à d'autres professions judiciaires, dans l'exercice du droit de la preuve, a des limites qui doivent être tracées. L'étendre pose donc une question de compétences. Ici, Hygin Didace AMBOULOU traite successivement des missions du notaire, de ses responsabilités pénales, invite et discipline. Contribution énorme à la recherche par la diversité d'informations qu'il contient, cet ouvrage répond à l'attente des étudiants, chercheurs, professionnels ainsi qu'à celle du grand public en leur donnant une vision globale et centralisée de la profession. Un livre que chacun consultera avec fruit.

AVANT-PROPOS

« Je jure de loyalement accomplir mes fonctions avec exactitude et probité et d'observer en tout les devoirs qu'elles m'imposent ». Les notaires du Congo et d'ailleurs ont prêté, un jour, ce serment, devant une cour d'appel ou un tribunal de grande instance. Une promesse solennelle qui engage aussi, à travers eux, la République, la nation, le Garde des sceaux, puisque notre mission est une mission d'Etat, une mission souveraine, inséparable d'une certaine idée de l'homme, de sa liberté, de sa responsabilité, d'une certaine idée du droit.

Quelle est cette mission ? Le rôle et les devoirs des notaires sont définis avec une rare précision par le Conseiller d'Etat Réal dans l'exposé des motifs du projet de loi sur l'organisation du notariat, qui deviendra la loi du 25 ventôse an XI de la République (16 mars 1803).

« A côté des fonctionnaires qui concilient et qui jugent les différends, la tranquillité appelle d'autres fonctionnaires qui, conseils désintéressés des parties aussi bien que rédacteurs impartiaux de leurs volontés, leur font connaître toute l'étendue des obligations qu'elles contractent, rédigeant ces engagements avec clarté, leur donnant le caractère d'un acte authentique et la force d'un jugement en dernier ressort, perpétuant leur souvenir et conservant dépôt avec fidélité, empêchent les différends de naître entre les hommes de bonne foi et enlèvent aux hommes cupides, avec l'espoir du succès, l'envie d'élever une injuste contestation. Ces conseils désintéressés, ces rédacteurs impartiaux, cette espèce de juges volontaires qui obligent irrévocablement les parties contractantes sont les notaires. Cette institution est le notariat ».

Définition limpide. Les notaires sont des rédacteurs impartiaux ''des conseils désintéressés'' qui confèrent aux actes qu'ils reçoivent la forme « authentique ». Cela signifie que les actes notariés sont garants de la sécurité juridique. On dit qu'ils ont force de loi. C'est pourquoi, certains actes que l'Etat veut tout particulièrement protéger doivent obligatoirement être passés devant notaire. C'est le cas notamment des actes soumis à la publicité foncière, les mutations immobilières et les affectations hypothécaires. L'Etat impose aussi l'authenticité à des actes importants de la vie : les contrats de mariage, les donations entre vifs, les donations entre époux, les reconnaissances d'enfants naturels, les actes d'adoption, les inventaires, les déclarations de souscription et de versements ainsi que tous les actes relatifs à la constitution des sociétés commerciales.

Les actes notariés ne sont donc pas des contrats comme les autres. Ils ont date certaine, valeur probante et force exécutoire ». On comprend l'importance et les enjeux de l'acte authentique par rapport aux actes passés sous seing privé. Ils offrent une sécurité juridique absolue. C'est l'arme exclusive des notaires. Car la loi a donné aux notaires le monopole des actes authentiques. Pour acheter ou vendre une maison, un terrain, pour faire un emprunt hypothécaire, établir un contrat de mariage, on va chez le notaire. Il accompagne toutes les étapes importantes de la vie. De la naissance à la mort. Et même au-delà, puisqu'il se charge des dernières volontés du défunt lorsqu'elles sont mentionnées dans un testament.

On n'échappe donc pas au notaire. D'où l'importance de ce livre dont l'une des missions est d'informer le lecteur. Car l'on sait que, les notaires, qu'ils exercent individuellement, en société ou en qualité de salariés, sont soumis à des devoirs et obligations.

La loi congolaise du 17 Septembre 1989 portant institution du notariat, ne donne aux questions de pratique et de déontologie que quelques indications sommaires, sur le contenu des attributions, des devoirs et des obligations du notaire et ne précise pas avec grands traits la façon dont les notaires doivent les exercer.

Le notariat, profession de vieille tradition judiciaire dans le droit du service public de la preuve est, fort heureusement, régi, aujourd'hui, au Congo et dans l'ordre de l'union internationale du Notariat Latin, par plus de 36 textes (Codes, lois, Ordonnances, Décrets, arrêtés et circulaires) qui organisent la profession, la rédaction des actes, la discipline, la comptabilité et son contrôle, les émoluments, honoraires et leur recouvrement, la garantie collective. De nombreux autres encore concernent les clercs et employés, l'organisation du régime de retraite des notaires.

L'article 2 du règlement national définit ainsi le devoir du notaire : « Chaque notaire, par son comportement, doit s'attacher à donner la meilleure image de sa profession. Il a le devoir d'entretenir et renouveler ses connaissances et de se tenir informé de l'évolution du droit, de l'économie et de la société. Il participe aux actions collectives de formation permanente ».
Ce livre est écrit dans ce but. Les enseignements qu'il contient visent l'harmonisation du niveau des connaissances de tous ceux qui, notaires, magistrats, avocats, huissiers de justice, professeurs d'Université, étudiants et chercheurs, ainsi que la clientèle, contribuent à l'amélioration de l'image de la profession.

Emboli, le 14 Novembre 2009

PRESENTATION ET PLAN DU LIVRE

1. Il n'est pas inutile, au début de cet ouvrage destiné principalement aux praticiens, chercheurs, enseignants, et aux jeunes qui envisagent d'entrer dans cette profession, d'en présenter brièvement les caractères. En effet, c'est une activité qui est généralement mal connue quand elle n'est pas totalement mystérieuse. Le notaire est sans doute un juriste chargé de la régularité des actes qu'il reçoit à la demande de ses clients et de l'accomplissement des nombreuses formalités préalables et postérieures aux conventions qu'il régularise. A cet égard, l'activité notariale revêt un caractère technique. Le rôle du notaire n'est pas seulement d'assurer la rectitude juridique des actes. Les conseils qu'il donne dans le domaine purement juridique, mais aussi du point de vue économique, financier, social et fiscal, en font un partenaire de ceux qui font appel à lui. La connaissance qu'il a souvent de la famille de ses clients et son expérience pratique lui permettent d'aller encore au-delà d'une assistance technique et de remplir une fonction de confident et de guide personnel de ceux qui ont d'importantes décisions à prendre : choisir un régime matrimonial, adopter un enfant, faire un testament, acheter un logement, créer une entreprise ou préparer la transmission de son patrimoine, préparer sa retraite, assurer la sécurité du conjoint survivant, etc.

Les exemples pourraient être multipliés. Ils suffisent à montrer la variété des fonctions du notaire et à faire comprendre combien son métier est absorbant, difficile, exigeant, mais qu'il est aussi vivant, plein d'imprévus, passionnant. Ce livre aborde toutes ces questions dans l'ordre suivant :

- 1ère partie : Généralités sur la profession de notaire
- 2e partie : Déontologie notariale
- 3e partie : Conseils pratiques en cas de mutation de propriété et calcul des droits
- 4e partie : Glossaire

PREMIERE PARTIE

GENERALITES SUR LA PROFESSION DE NOTAIRE

2. Authenticité. La mission principale du notaire est de conférer l'authenticité aux actes et contrats qu'il reçoit. C'est pour cela que l'État lui délègue, en sa qualité d'officier public, une partie de la puissance publique. La définition du notaire est donnée par l'article de l'ordonnance du 2 novembre 1945, reprenant celle de la loi du 25 ventôse au XI : « *Les notaires sont les officiers publics établis pour recevoir tous les actes et contrats auxquels les parties doivent ou veulent faire donner le caractère d'authenticité attaché aux actes de l'autorité publique et pour en assurer la date, en conserver le dépôt, en délivrer des grosses et expéditions* ».

Comme l'on verra plus loin, la mission du notaire ne s'arrête pas à la rédaction des actes. Elle comporte aussi un devoir de conseil qui a été largement interprété par les tribunaux et confère à l'intervention du notaire une grande sécurité. C'est pourtant comme «authentificateur» des actes que le notaire trouve sa place particulière dans le système juridique congolais et plus précisément dans le régime de la preuve reposant principalement sur *l'écrit* et non sur le témoignage comme dans les droits anglo-saxons. D'après l'article 1319 du Code civil, «l'acte authentique fait *pleine foi* de la convention qu'il renferme». Ce principe n'est pas propre au notariat congolais. Il a été aussi reconnu lors d'un congrès international :

«La fonction notariale a sa raison d'être dans la constatation exacte des faits et actes juridiques et dans la fidèle conservation de ces instruments de preuve »[1].

La mission du notaire qui donne à l'acte l'authenticité, c'est-à-dire une force probante particulière, est donc essentielle dans notre droit. Pour le mieux comprendre, il est opportun de rappeler les principes qui régissent le droit de la preuve (Chapitre 1er) avant d'expliquer comment l'acte notarié est aussi un élément important du droit de la forme. Tout cela pour clarifier les missions du notaire (Chapitre II).

---

[1] Paul VI, intervention lors du VIIIe congrès international du Notariat latin.

CHAPITRE PREMIER

LE DROIT DE LA PREUVE

Section 1. Notion

3. Les preuves sont des procédés à l'aide desquels on peut établir l'existence d'un droit ou d'une certaine prétention juridique[2]. Domat disait de la preuve : «Tout ce qui persuade l'esprit d'une vérité», quant à Planiol, il écrivait : « On appelle preuves les divers procédés pour convaincre le juge, mais la question de la preuve peut se poser en dehors de toute contestation».

Paragraphe 1. Importance pratique

4. Elle est capitale. Il ne suffit pas d'être titulaire d'un droit ou de se trouver dans une certaine situation, pour pouvoir se prévaloir de ce droit ou de cette situation, il est nécessaire d'apporter la preuve de leur existence ; à défaut tout se passera comme si le droit ou la situation n'existait pas.

5. Principe. En matière civile, le juge est neutre ; le rôle essentiel incombe aux parties sous réserve des dispositions de la loi n°51-83 du 21 Avril 1983

[2] J.-CI. Civil, art.1315 et 1316, Fasc. 10 au Notariat répertoire, V. contrats et obligations, Fasc. 1033.

portant Code de procédure civile, commerciale, administrative et financière. Il en résulte les conséquences suivantes :
C'est à celui qui allègue un fait contraire aux droits de l'adversaire, un changement dans une situation établie, de rapporter la preuve que ce changement peut être opéré : *Onus probandi incombit actori* ; Mais si pour se soustraire aux conséquences des preuves apportées par le demandeur, le défendeur fait à son tour valoir une allégation, il lui appartient d'en établir le bien-fondé : *Reus in excipiendo fit actor.*

Exemple : en matière de prêt, le créancier doit prouver l'obligation et, si le défendeur dit qu'il ne doit plus rien, il doit prouver le remboursement[3] ;
Parfois, quand l'existence d'un fait ou d'un acte juridique est trop difficile à établir, la loi dispense la partie de la preuve directe de ce fait ou de cet acte et déduit la vérité du fait, l'existence d'un autre fait plus facile à démontrer, c'est un déplacement de la preuve ; on dit qu'il y a *présomption légale.* Ces présomptions se rencontrent fréquemment dans l'exercice de la profession notariale.
Exemple :

- Présomption d'interposition de personnes qui entraîne la nullité des libéralités[4] ;
- Constructions édifiées sur terrains présumés faites avec les deniers du propriétaire[5];
- Présomption de mitoyenneté[6];
- Présomption de libéralité résultant de la remise du titre[7] ;

On distingue les *présomptions simples* contre lesquelles la preuve contraire est admise[8]: remise de titre et les *présomptions irréfragables* ou absolues[9].

[3] C. civ,. art. 1315.
[4] C. civ. art. 911.
[5] C. civ. art. 553.
[6] C. civ. art. 653.
[7] C. civ. art. 1282.
[8] ex. : C. civ. art. 1282.
[9] C. civ. art. 911 : interposition de personnes.

Paragraphe 2. Divers modes de preuve

6. Indépendamment de l'aveu, du serment et de la preuve par indices ou présomptions, on distingue deux modes de preuve : la preuve écrite et la preuve testimoniale.
La preuve par écrit comprend, outre les lettres missives, les registres et papiers domestiques, les écrits mis sur titre ou quittance et les livres de commerce, essentiellement les écrits signés ou actes écrits qui peuvent être soit des *actes primordiaux*, c'est-à-dire dressés à l'origine, soit des *actes recognitifs ou confirmatifs*. En principe, les originaux doivent être produits mais la production d'une copie «fidèle» et «durable» peut être admise[10]. L'écrit suppose plus nécessairement l'usage du papier. L'écrit sous forme électronique est admis en preuve au même titre que l'écrit sur support papier[11].
Les écrits ou actes signés se divisent en deux catégories : *les actes authentiques* et *les actes sous signatures privées*, dits aussi *sous seing privé. Les actes authentiques* sont ceux reçus par des officiers d'état civil, des greffiers, des huissiers de justice, des consuls à l'étranger qui dressent également des actes authentiques. *Les actes administratifs* sont reçus par le préfet pour le compte des collectivités qu'il représente.
Les actes sous signatures privées sont ceux qui sont signés seulement par les parties ; ils ne sont soumis à aucune formalité de rédaction, sauf celles prévues par les articles 1325 et 1326 du Code civil[12]. Dès à présent, il convient de remarquer ce qui différencie la preuve écrite et la preuve testimoniale

7. Preuve écrite ou testimoniale. La preuve écrite est essentiellement une *preuve préconstituée* ou a *priori ménagée à l'avance* par les parties alors que les témoignages ainsi que les présomptions, l'aveu et le serment, sont des *preuves a posteriori*, établies non point au moment de l'acte mais au moment du différend. D'où les avantages de la preuve écrite qui est antérieure à toute contestation, ce qui augmente sa crédibilité. La preuve écrite est objective,

---

[10] C. civ. art. 1348, mod. L. n° 80-525, 12 juill. 1980. V.F. CHAMOUX, La loi du 12 juillet 1980 : une ouverture sur nouveaux moyens de preuve : JCP N 1981, I, 266.
[11] C.civ. art. 1316-1, réd. L. n° 2000-230, 13 mars 2000. D. n° 2005-973, 10 août 205.
[12] Sur la distinction entre l'acte authentique et l'acte sous signatures privées .Cf H. D. AMBOULOU, La légalisation et l'authentification des actes, Les éditions Hemar. 2009.

les complications des rapports sociaux augmentent, pour la preuve testimoniale, des chances d'erreur de mémoire ou de corruption ; enfin fondée sur la mémoire des hommes qui sont mortels, la preuve testimoniale disparaît avec le temps.
C'est ce qui a amené le législateur à n'admettre la preuve testimoniale que dans des limites très étroites.

1° Il doit être passé acte de toutes choses excédant une somme ou valeur fixée par décret[13] ; ce montant est actuellement de 45.000 F CFA[14].

2° Il est interdit de prouver contre et outre le contenu d'un écrit cependant, dans les cas où l'aveu et le serment sont admissibles, il est toujours possible de suppléer l'écrit ou de le combattre au moyen de l'aveu ou du serment.

3° La preuve par témoins est cependant admise :

-En matière commerciale
-En cas de *commencement de preuve* par écrit ; écrit qui peut être un acte sous signature privée non signé ou nul pour défaut de la formalité du double, un acte authentique irrégulier, un projet, même la comparution personnelle consignée au greffe[15] mais cet écrit doit émaner de celui contre qui la demande est formée ou de celui qu'il représente et doit rendre vraisemblable le fait allégué ;
- Dans le cas où il est impossible de se procurer un écrit : incendie, impossibilité morale[16] ;
- En cas de fraude à la loi[17] ;
- Au cas où les tiers veulent faire la preuve contre et outre le contenu des actes (simulation) ;
- Lorsqu'il s'agit de prouver les faits.
- Quoi qu'il en soit, le mode de preuve par excellence est la *preuve littérale*, preuve préconstituée, dans laquelle l'acte notarié occupe une place de choix.

---

[13] C.civ. art. 1341.
[14] D. n° 80-533, 15 juill. 1980.
[15] NCPC, art. 184 à 198.
[16] V. à ce sujet Ph. MALINVAUD, Impossibilité de la preuve écrite : JCP 1972, I, 2468.
[17] C.civ, art. 1353.

8. Définition. L'acte notarié est la preuve écrite par excellence, preuve préconstituée avec les avantages que cela comporte. Dans la présente section, le mot acte est pris au sens *instrumentum* (moyen de preuve) qu'il ne faut pas confondre avec l'acte juridique, *negotium,* manifestation de volonté produisant un effet juridique. « Les notaires sont les officiers publics établis pour recevoir les actes et contrats auxquels les parties doivent ou veulent faire donner le caractère d'authenticité attaché aux actes de l'autorité publique... »[18] . « L'acte authentique est celui qui a été reçu par officiers publics ayant le droit d'instrumenter dans le lieu où il a été rédigé, et avec les solennités requises »[19]. Comme on l'a vu, l'acte authentique et l'acte sous seing privé peuvent être établis sur un support électronique.

9. Authenticité. Dans le langage courant, *authentique* qualifie ce qui est vrai, dont on ne peut contester la véracité, par opposition à ce qui est faux. Étymologiquement, le mot authentique vient du grec : qui agit par soi-même. Il convient de remarquer que les actes notariés ne sont pas les seuls actes authentiques. *Les actes administratifs* établis par les préfets, les représentants des collectivités territoriales et, en particulier, les maires, *les actes de l'état civil*, les *jugements,* certains actes d'huissier sont des actes authentiques. Toutefois, un constat *d'huissier* ne peut équivaloir à un acte notarié[20].

Quelle que soit leur origine, les actes authentiques ont pour caractère commun d'être l'attestation d'un fait par une autorité publique dont la déclaration fait foi jusqu'à inscription de faux sans vérification préalable d'écriture. On dit qu'ils ont *force probante.* Bien plus, avoir un droit n'est rien si l'on ne peut obtenir l'exécution de l'obligation incombant à l'autre partie. L'acte authentique est doté de la *force exécutoire*[21]. Cette force exécutoire a été rendue plus efficace par la réforme des voies civiles d'exécution[22].

---

[18] Ord. 2 nov. 1945, art. 1er

[19] C. civ., art. 1317.

[20] Cass. 1re civ., 19 févr. 1991 : Juris-Data n° 1991-000430 ; JCP N 1991, n° 26, II, p. 177 ; Defrénois 1991, art. 35077-58, obs. G. VERMELLE.

[21] Sur la différence entre les actes, cf. H.D. Amboulou. La légalisation et l'authentification des actes, précité.

[22] L. n° 91-650, 9 juill.

10. Fondement. Si l'on s'interroge sur le fondement juridique du pouvoir du notaire de conférer l'authenticité, on constate alors que la loi de ventôse le qualifiait de fonctionnaire, l'ordonnance du 2 novembre 1945 substitue au texte d'origine une nouvelle définition dans laquelle il est nommé « officier public ». En effet, le notaire n'est pas un fonctionnaire car il n'engage pas, par son activité, la responsabilité de l'État. C'est un délégataire de la puissance publique. Le grand juriste argentin Welsch explique qu'il se noue un contrat entre le notaire et l'État au moment de la nomination. Moyennant un contrôle de la qualification et de la régularité de son activité effectuée par la puissance publique, l'acte reçu par le notaire est assorti d'une garantie particulière.

Section 2. La force attachée à l'acte notarié

Paragraphe 1. La force probante

11. En application des dispositions de l'article 1319 du Code civil, celui qui produit un acte authentique dont l'apparence est régulière n'a pas à en prouver la véracité. C'est à celui qui conteste l'authenticité de démontrer la fausseté de l'acte, par la procédure d'inscription de faux prévue par les articles 303 à 316 du nouveau Code de procédure civile.

C'est une procédure qui comporte plusieurs décisions judiciaires et si le demandeur succombe, il est condamné à une amende civile sans préjudice des dommages-intérêts qui seraient réclamés. En revanche, le notaire condamné risque la réclusion criminelle. Il est très important de remarquer que l'authenticité ne concerne que l'instrument de preuve, la partie qui veut contester la convention elle-même n'a pas besoin de recourir à la procédure d'inscription de faux. C'est ainsi notamment que dans un arrêt du 19 avril 1972, la Cour de cassation a décidé que les énonciations du titre de propriété concernant la contenance de parcelles peuvent être combattues par la preuve contraire[23].

---

[23] Journ. Not 5 déc. 1973, n° 51489. – V. dans le même sens, Cass. 3e civ., 3 mars 1993 : Juris-Data n° 1993-001637 ; JCP N 1993, II, p. 149, note DESTAME ; pour la quittance d'un prix, 10 mars 1993 ; Juris-Data n°1993-000549 ; II, p. 25, note LEVENEUR. Pour une discordance entre l'acte notarié et l'acte sous seing privé antérieur, Cass. 3e civ., 7 janv. 1998 : Juris-Data n° 1998-000128.

12. Limites. L'authenticité ne s'applique qu'aux faits attestés par le notaire comme ayant été vus et entendus par lui. C'est ainsi qu'elle s'applique à la date de l'acte, au lieu de sa signature et à la matérialité de la signature par les parties et à leur présence à l'acte, au fait qu'elles ont fait telle ou telle déclaration (sans prouver pour autant que cette déclaration est exacte).

A titre d'exemple, lorsque dans un acte de vente le notaire indique que les fonds ont été payés à sa vue ou plus exactement par la comptabilité de l'office, la force probante est attachée à cette indication[24] ; par contre, elle ne joue pas lorsque le notaire écrit que le prix a été payé avant la signature de l'acte ou directement entre les parties sur les déclarations de celle-ci, mais la preuve contraire doit être établie conformément aux règles des articles 1341 et 1347 du Code civil[25]. La force probante n'est attachée qu'aux constatations du notaire qui relèvent de sa compétence technique. Ainsi, la déclaration suivant laquelle le testateur paraît sain d'esprit peut être contestée sans qu'il y ait lieu de recouvrir à la procédure d'inscription de faux[26].

13. Nullité de l'acte. Quelles sont les conséquences de la nullité de l'acte authentique ? La nullité de l'acte entraine la nullité de la convention lorsque la solennité de l'acte est imposée par la loi ; c'est, par exemple, le cas des donations ou des contrats de mariage. L'acte qui n'a pas été signé par le notaire est nul[27]. Mais l'article 1318 du Code civil dispose que l'acte qui n'est pas authentique par l'incompétence ou l'incapacité de l'officier, ou par un défaut de forme, vaut comme écriture privée, s'il a été signé par les parties.

Paragraphe 2. La force exécutoire

14. Les actes authentiques bénéficient de la force exécutoire, c'est-à-dire que, sur l'étendue du territoire de la République, le créancier qui produit,

---

[24] Cass. 1re civ., 26 mai 1964 : JCP G 1964, II, 13758, note R.L. – 18 avr. 1972 : Bull. civ., I, n° 102.

[25] Cass . 3e civ., 10 mars 1993, préc.

[26] Cass. 1e civ., 25mai 1987 : Juris-Data n°1987-001082 ; JCP N 1988, II, p. 40, note J.F. PILLEBOUT.

[27] pour un acte de donation entre époux, Cass. 1re civ., 29 nov. 1989 : Juris-Data n° 1989-703896 ; Defrénois 1990, art. 34802, obs. J.L. AUBERT.

comme titre de créance, un acte notarié contenant une obligation de payer une dette certaine et liquide, peut en poursuivre l'exécution sans être obligé de recourir aux tribunaux pour obtenir un jugement de condamnation contre son débiteur.

Il lui suffit de remettre la copie exécutoire de l'acte à un huissier de justice qui pourra entamer la procédure d'exécution.

Il n'en reste pas moins que le débiteur poursuivi peut tenter d'obtenir des délais de la part des tribunaux et que ceux-ci peuvent suspendre l'exécution si une procédure de faux est entamée[28]. Le créancier muni d'un titre exécutoire peut procéder à une *saisie-attribution* sans jugement préalable, ce qui lui assure un règlement rapide dès lors que son débiteur est titulaire d'une créance valable[29]. Il peut aussi prendre une *sûreté provisoire* sans autorisation de justice[30].

A l'étranger, la force exécutoire doit être demandée à l'autorité publique du lieu où l'acte doit être exécuté, autorité qui délivre *l'exequatur* sur production de la copie exécutoire traduite dans la langue du pays et revêtue du visa du ministère des Affaires étrangères. La convention de Bruxelles du 27 septembre 1968 permet l'exécution de certains jugements et des actes notariés dans tous les pays de la Communauté, sans formalité ou moyennant une procédure rapide et simplifiée[31].

Paragraphe 3. L'acte sous signatures privées

15. Il parait intéressant d'établir une comparaison entre l'acte notarié et l'acte sous signatures privées ou sous seing privé. Ce dernier n'est en principe soumis à aucune formalité de rédaction sinon celle d'être signé par les parties, sauf certaines dispositions particulières, notamment celles :

---

[28] C. civ., art. 1319, al. 2. – L. ventôse, art. 19.
[29] L. n° 91-650, 9juill. 1991, art. 41.
[30] L. préc., art. 68.
[31] 85e congrès des Notaires de France, Strasbourg, 1992, p. 814.

- de l'article 970 du Code civil pour les testaments olographes qui ne sont pas valables s'ils ne sont écrits en entier, datés et signés de la main du testeur ;

- de l'article 1325 du Code civil qui, pour la validité des actes sous seing privé contenant des conventions synallagmatiques, exige qu'ils aient été faits en autant d'originaux qu'il y a de parties ayant un intérêt distinct ; chaque original doit contenir la mention du nombre d'originaux qui ont été faits ; il est à remarquer que l'on rédige généralement un exemplaire supplémentaire destiné à l'administration de l'enregistrement et qu'un seul exemplaire suffit s'il est déposé par toutes les parties entre les mains d'un tiers ;

- de l'article 1326 du Code civil : l'acte constatant des promesses unilatérales de sommes d'argent ou de choses appréciables en argent au cas où il ne serait pas écrit en entier de la main du débiteur, doit comporter, outre la signature du débiteur, un « bon pour » ou un « approuvé » écrit de la main de ce dernier portant en toutes lettres et en chiffres la somme ou la quantité de la chose ; en cas de différence, l'acte sous seing privé vaut pour la somme en toutes lettres[32] ;

- de l'article 12 de la loi du 29 juin 1935, imposant certaines mentions dans les actes de vente de fonds de commerce ;

- des articles L. 313-7 et L. 313-8 du Code de la consommation[33] en vertu desquels une personne physique qui s'engage dans un acte sous seing privé en qualité de caution ou de caution solidaire doit faire précéder sa signature d'une mention manuscrite ;

- de l'article 22-1 de la loi du 6 juillet 1989 relative au bail d'habitation imposant une mention manuscrite spéciale pour le cautionnement du locataire[34].

La sanction des irrégularités est variable suivant les cas. Elle peut être une nullité, le plus souvent absolue, comme pour le testament olographe

[32] C. civ., art. 1326, mod. L. n° 80-525, 12juill. 1980.

[33] L. n° 79- 596, 13 juill. 1979, ajouté L. 342-2 et L. 341-3 du même Code L n° 2003-721 du 1re août 2003.

[34] Réd. L. n°94-624, 21 juill. 1994.

ne répondant pas aux exigences de la loi. Parfois, la nullité n'exclut pas la possibilité d'utiliser l'acte comme *commencement de preuve* par écrit[35]. D'autres règles de forme sont imposées par le droit sur les effets de commerce et le chèque[36].

Paragraphe 4. Avantages de l'acte notarié

16. Si l'on compare l'acte notarié et l'acte sous seing privé, on constate que ce dernier est dénué de la force exécutoire ; tout créancier, en vertu d'un acte sous seing privé, doit obtenir un jugement du tribunal ou une *injonction de payer* s'il veut se faire payer[37]. En ce qui concerne la force probante, on peut toujours prouver contre le contenu d'un écrit sous signatures privées ; bien plus, un tel acte n'apporte pas la preuve de la date à laquelle il a été fait. L'article 1328 du Code civil prévoit que les actes sous seing privé n'ont de date certaine à l'égard des tiers que du jour où ils ont été enregistrés, du jour du décès de celui ou d'un de ceux qui ont souscrit ou du jour où leur substance est constatée dans un acte dressé par un officier public. On voit ainsi les avantages incontestables de l'acte authentique par rapport à l'acte sous signatures privées.

Section 3. Authenticité obligatoire ou facultative

17. Ce sont les *actes solennels*. Les raisons de cette mesure ont été précisées par le rapporteur au Tribunat de la loi de ventôse : « Si les parties ont en général la libre faculté de passer leurs actes devant le notaire pour leur donner la forme et le caractère d'authenticité légal, il est certain que plusieurs lois imposent l'obligation de recourir au ministère des notaires pour un grand nombre d'actes qui sont les plus importants pour la société soit par leurs effets, soit par leur suite. » Les avantages du formalisme quant

---

[35] C. civ, art. 1325, 1326 ; d'après la jurisprudence en ce qui concerne le cautionnement, Cass. 1re civ., 12 mai 1993 : Juris-Data n°2000-00771. Cass. Com., 11 juin 2003 : Juris-Data n°2003-019397.

[36] Pour le droit commercial, V. ROULOIS, Fasc. 2915 à 2925.

[37] Pour la procédure civile et les voies d'exécution, V. ROULOIS, Fasc. 2000 2065. V. aussi H.D. AMBOULOU, Traité congolais de procédure civile, commerciale, administrative, financière et des voies d'exécution. L'Harmattan.

à la sécurité juridique des conventions ont déjà été rappelés dans l'introduction. Dans les actes solennels, la forme régit le droit, puisqu'ils sont nuls, y compris la convention qu'ils auraient exprimée s'ils ne sont pas passés selon les formes voulues. Parmi les actes solennels, il faut citer : le contrat de mariage, les donations (pour lesquelles a été cependant supprimée l'intervention d'un deuxième notaire ou de deux témoins), les testaments authentiques, les constitutions[38], les actes de révocation du mandat légal entre époux agriculteurs, artisans ou commerçants[39], l'inventaire[40], les conventions de liquidation entre époux pendant l'instance en divorce[41], la déclaration d'insaisissabilité du logement par le chef d'entreprise[42], la décision des héritiers concernant la prestation compensatoire[43], le bail rural cessible[44], etc.

Paragraphe 1. Capacité.

18. Il convient de ne pas oublier, lorsqu'il s'agit d'établir les comparutions, la distinction fondamentale entre la capacité de jouissance et la capacité d'exercice. Dans certains cas, une personne, quoique ayant valablement la jouissance d'un droit, ne peut valablement l'exercer seule. Il est nécessaire qu'elle soit représentée ou assistée par une autre personne. C'est ainsi que le mineur de moins 18 ans non émancipé est représenté s'il a encore son père et sa mère par ces derniers qui sont ensemble titulaires de l'administration pure et simple, s'il est orphelin de père ou de mère, par le survivant d'eux qui est de plein droit administrateur légal sous contrôle judiciaire, s'il n'a plus ni père ni mère, par un tuteur nommé par son conseil de famille ou désigné par le testament du survivant des père et mère. Les pouvoirs de ces représentants du mineur sont déterminés par les dispositions du Code civil résultant de la loi du 14 décembre 1964[45].

---

[38] C. civ., art. 1601- 2.
[39] C rur., art. 789-2 .- L. n° 82-596, 10 juill. 1982, art. 9.
[40] CPC, art. 953 et 943.
[41] C. civ., art. 311-20.
[42] C. com., art. L. 526-1.
[43] C. civ., art. 280-1.
[44] C. rur., art . L. 418-1.
[45] art. 389 à 487.

19. Précisions : Que le mineur émancipé a la capacité de contracter seul les actes de la vie civile sauf son contrat de mariage, il ne peut être commerçant :
- qu'en ce qui concerne les personnes dont les facultés mentales sont diminuées ou affaiblies, majeurs protégés, elles sont représentées par un tuteur ou assistées d'un curateur[46] à moins que leurs conjoints ne soient investis des pouvoirs d'administration en vertu des articles 219, 1426 et 1429 du Code civil ;

- que les prodigues autrefois pourvus d'un conseil judiciaire relèvent aujourd'hui du régime de la curatelle ; ils peuvent faire seuls les actes d'administration, mais doivent être assistés de leurs curateurs pour tous les autres actes.

- que les personnes en redressement judiciaire ou en liquidation de biens sont frappées, sauf exception, d'une incapacité de disposer seules de leurs biens.

Il ne s'agit là que de notions extrêmement sommaires sur la capacité qui fait l'objet de longs développements dans les ouvrages de droit civil dont elle constitue une partie très importante[47].

20. Incapacité de fait. A côté des incapacités d'ordre juridique, il existe des incapacités qui tiennent, d'une part, à l'état de santé du comparant, d'autre part, à l'impossibilité d'une des parties de se trouver présente à la signature de l'acte. C'est ainsi que l'aveugle, capable de tous les actes de la vie civile, appose sa signature lorsqu'il peut et sait signer, mais la présence d'un second notaire ou de deux témoins peut être utile. Le muet, dont le mutisme est absolu, doit être assisté d'un interprète sauf s'il peut s'exprimer par geste. Le sourd-muet n'est pas incapable de contracter, même s'il est illettré, pourvu qu'il puisse faire connaitre sa volonté, soit par signes, soit par un interprète[48].

---

[46] C. civ., art. 488 à 514 mod., L. 3 janv. 1968.
[47] Pour une étude synthétique, v. ROULOIS, Fasc. 1105 à 1120, 1460.
[48] Cass., 30 janv. 1944, 1, 102.

21. Personnes morales. D'autres sujets de droit posent des problèmes pour leur comparution dans les actes notariés. Ce sont, d'une part, les personnes morales de droit privé (associations, sociétés civiles ou commerciales, groupements agricoles ou économiques, etc.) et, d'autre part, les personnes morales de droit public (collectivités publiques, communes, départements, régions, l'État, établissements publics). Il convient toutefois de se référer chaque fois aux règles édictées pour le droit commercial, le droit civil ou le droit rural, pour savoir dans quelles conditions et par quels représentants dûment habilités, ces personnes morales interviennent dans l'acte notarié.
Lorsqu'un acte, auquel intervient une personne morale, est sujet à publicité foncière, il doit contenir l'identification, sociétés et syndicats, par leur dénomination et l'indication, pour toutes les sociétés civiles ou commerciales, de leur forme juridique et de leur siège social, l'indication de leur numéro d'immatriculation au registre du commerce et des sociétés pour les associations, de leur siège, de la date et du lieu du dépôt de leurs statuts[49].

Paragraphe 2. Représentation conventionnelle.

22. Lorsqu'une personne intéressée ne peut se rendre personnellement à la signature d'un acte, elle est représentée par un mandataire. Il n'est pas question de reprendre ici la théorie du mandat. Le langage notarial use généralement du mot *procuration* pour désigner le mandat dont les règles sont fixées par les articles 1984 à 2010 du Code civil (théorie générale du mandat), 218, 1431 et 1432 du Code civil (représentation entre époux), loi n° 65-557 du 10 juillet 1965 (syndic de copropriété), 491-3 du Code civil (majeur sous sauvegarde de justice). Dans la procuration, une personne, le mandant, donne à une autre personne, le mandataire, mission de la représenter et d'agir en son nom. Le mandat s'emploie pour toutes sortes d'actes juridiques ; cependant, certains actes par leur nature même supposent une comparution personnelle (célébration de mariage sauf en cas de guerre, testament authentique, prestation de serment). Le notaire ne peut figurer comme mandataire de l'une des parties dans les actes qu'il reçoit et le syndic d'une copropriété ne peut représenter un copropriétaire dans une assemblée

[49] D. n°55-22, 4 janv. 1955, art.6.

de syndicat. D'autre part, un mandataire ne peut représenter dans un même acte que des parties ayant un même intérêt. Le mandat peut être verbal[50], mais en pratique notariale, un mandat écrit est toujours exigé. L'article 14, 6°, du décret n° 45- 0117 du 19 décembre 1945 interdit aux notaires de laisser intervenir leurs clercs sans un mandat écrit dans les actes qu'ils reçoivent. Le mandataire peut agir en vertu d'une procuration authentique ou sous seing privé. La forme authentique du mandat est exigée pour tous les actes dont l'authenticité est requise pour leur validité (hypothèque, donation, reconnaissance d'enfant naturel, etc.). La seule exception résulte de l'article 1844-2 permettant de conférer par acte sous seing privé aux représentants légaux d'une société les pouvoirs nécessaires à la constitution d'une hypothèque ou d'une sûreté réelle sur les biens de la société.

23. Forme. La procuration doit être revêtue de la forme solennelle (deuxième notaire ou présence de deux témoins instrumentaires), si elle doit être utilisée pour une révocation de testament. Par contre, bien que la forme authentique soit exigée pour les actes soumis à la publicité foncière, il est admis que les procurations données par le vendeur ou l'acquéreur peuvent être sous signatures privées. En résumé, la procuration doit revêtir la même forme que l'acte dans lequel elle doit être utilisée. La plupart du temps, la procuration est établie en brevet, sauf lorsque le mandataire doit s'en servir dans plusieurs actes différents. Dans ce cas, il est délivré une ou plusieurs copies authentiques ou extraits de procuration. En outre, la procuration doit être en minute lorsqu'elle est utilisée dans certains actes importants (contrats de mariage, donations, etc). La procuration reçue en brevet est annexée à l'acte principal.

24. Pratique. Dans les procurations établies en brevet, le nom du mandataire peut rester en blanc. C'est le seul acte notarié pouvant compter un blanc. Cette pratique, quoique surprenante, est utile car elle permet au notaire qui va utiliser la procuration de choisir sur place le mandataire.

Au point de vue pratique, il est à remarquer que la rédaction d'une procuration est toujours délicate, car elle doit être adaptée à l'usage que l'on

---

[50] C. civ., art. 1985.

doit en faire, aussi est-il prudent d'en demander le modèle au notaire rédacteur de l'acte principal. Il faut également être très prudent, et ne pas rédiger une procuration de telle façon que l'on puisse en déduire, par exemple, que le mandant se reconnait débiteur de telle ou telle somme. Éventuellement il faut prendre garde que le mandant ne soit considéré comme ayant pris parti comme héritier ou légataire », ou « sans prendre la qualité d'héritier ou de légataire ».

25. Exécution du mandat. Le mandat est en principe personnel ; cependant, le mandataire peut transmettre à une autre personne tout ou partie de ses pouvoirs. C'est *la substitution.* Si le substitué est désigné par le mandant, il est réputé tenir ses pouvoirs directement du mandant. Si le mandat contient le pouvoir de substitution sans désignation de personne, le substitué représente le mandant, mais le mandataire substituant demeure responsable du substitué. S'il n'y a pas pouvoir exprès de substituer, le substitué devient simple mandataire du substituant.

Voici, à titre d'exemple, la comparution d'un mandataire substitué :

M. Elenga

Agissant au nom et comme mandataire substitué de Issongo Assa., en vertu de la procuration donnée à l'origine, avec faculté de substituer à Issongo Ossiendji., suivant acte reçu par Me Ollah notaire à Brazzaville le 21-02-2002, dont le brevet a été annexé à l'acte de substitution de pouvoirs ci-après énoncés.

Observation faite que Issongo Ossiendji. a substitué dans ses pouvoirs Lekoumou la Ndenda ., comparant, suivant acte reçu par Me Ollah notaire à Brazzaville le 21-02-2002, dont le brevet est ci-annexé.

Lorsque le mandat est accompli, le mandataire doit présenter son compte de gestion et remettre à son mandant ce qu'il a encaissé pour son compte. Le notaire qui accepte un mandat, qu'il soit à son nom ou au nom de l'un de ses clercs, doit obtenir une décharge de ce mandat dont il doit être justifié lors des inspections de l'office.

26. Intervention. Parfois au cours de l'acte, en dehors des comparants, interviennent d'autres personnes, soit pour éviter la signification au débiteur prévue par l'article 1690 du Code civil en matière de cession de créance, soit lors de la constitution d'un séquestre d'un prix de vente, soit pour renoncer en faveur d'un acquéreur ou d'un bien (interdiction d'aliéner, droit de retour conventionnel), soit pour indiquer qu'elles ne s'opposent pas à la convention (époux lors de l'aliénation d'un immeuble propre à son conjoint et constituant le logement familial), soit encore pour donner une garantie au cocontractant en renonçant à tout recours contre lui[51]. Les parties intervenantes doivent être nommées, prénommées et qualifiées de la même manière que les parties comparantes.

Section 4. Le corps de l'acte

27. C'est la partie essentielle de l'acte, celle qui va relater la convention dont l'acte constitue l'instrument de preuve.

Paragraphe 1. Divers éléments

L'acte comprend d'abord les éléments essentiels, c'est-à-dire qui permettent de caractériser la convention. Ce seront par exemple : dans la vente : la volonté de vendre exprimée par le vendeur et celle d'acquérir par l'acheteur, la désignation du bien vendu, le prix moyennant lequel la vente est réalisée.

- Dans le contrat de bail : l'expression de la volonté de louer et de celle de prendre à bail, la durée du bail, la désignation du bien loué, le loyer.
- Dans le contrat de prêt (dénommé autrefois *obligation* quand le notaire l'a négocié) : l'expression de la part du prêteur de la volonté de prêter et de la part de l'emprunteur de l'engagement de rembourser, l'indication du montant de la somme prêtée, du délai de remboursement et du taux des intérêts servis.

L'acte comprend aussi les éléments secondaires auxquels les parties se réfèrent facilement mais qu'il est préférable d'exprimer. Par exemple, en matière de vente, l'établissement de l'origine de propriété, conséquence de l'obligation de garantie à la charge du vendeur, l'indication de la date de prise de jouissance, des conditions de la vente, de l'étendue de la garantie, de la charge des frais, des modalités du paiement du prix. Certains autres éléments dits accidentels ou particuliers ne se retrouvent pas obligatoirement dans toutes les conventions du même type. On peut citer, dans l'acte de

[51] C.civ., art. 918, 929 et 930.

vente, les clauses prévoyant le paiement du prix par subrogation, la constitution d'un séquestre pour le prix, la conversion du prix en une rente viagère, la délégation du prix à un tiers créancier du vendeur, la déclaration d'emploi et d'origine des deniers[52]. Enfin, dans le corps de l'acte existent d'autres éléments qui doivent obligatoirement y figurer parce que la loi l'exige : ce sont les éléments légaux. On peut citer :
- dans les ventes de fonds de commerce, les énonciations prescrites par l'article L. 141-1 du Code de commerce (chiffres d'affaires et bénéfices commerciaux des trois dernières années, indication des livres de comptabilité, des privilèges grevant le fonds) ;

- dans les ventes d'immeubles, l'indication de la surface d'un lot de copropriété, les déclarations relatives à l'amiante, au saturnisme (plomb), aux termites, etc.

- dans les contrats de prêt, l'indication du taux effectif global contre l'usure ;

- dans les ventes d'immeubles et de fonds de commerce l'indication de l'avertissement qui a été donné par le notaire des peines frappant les dissimulations[53].

Paragraphe 2. Rédaction de l'acte proprement dit

28. Contenu. Il a déjà été indiqué que la rédaction des actes devait être claire. Le rédacteur ne doit pas se contenter d'utiliser un formulaire sans esprit critique. Certains reprochent au style notarial d'être archaïque et de contenir des formules et des termes peu compréhensibles de la part du public. Pourtant, certaines expressions dans leur concision sont difficilement remplaçables par d'autres termes ; le mot « solidarité », par exemple, recouvre toute une série de conséquences pour celui qui s'engage solidairement. Deux règles importantes sont à observer : il faut, d'une part, éviter la prolixité et, d'autre part, rechercher la précision en pensant que si l'acte est clair pour celui qui le rédige, il doit produire ses effets dans un avenir plus ou moins éloigné et ceux qui le liront alors doivent pouvoir

[52] Sur ces questions, Cf. H.D. Amboulou, La cause et l'objet des obligations civiles, Les éditions Hemar 2010.
[53] CGI, art. 850 et 1837.

connaître, sans ambiguïté, ce que l'acte (*instrumentum*) a voulu exprimer[54]. Il est parfois utile, dans les actes compliqués, de commencer par un exposé qui permette de situer exactement les circonstances dans lesquelles l'acte intervient. Les actes soumis à publicité foncière doivent être composés d'une façon particulière, au moins en ce qui concerne le document qui est déposé à la conservation des hypothèques. Les éléments de l'acte sont répartis en deux parties, la première comprend les stipulations nécessaires à la publication et à la perception des droits fiscaux ; la seconde est réservée aux autres conventions. C'est le document hypothécaire normalisé.

Paragraphe 3. Règles de forme

29. Des règles précises sont imposées quant à l'écriture des actes notariés. Elles résultent notamment des dispositions des articles 7 et suivants du décret n° 71-941 du 26 novembre 1971. Les actes des notaires sont soit écrits à la main, soit dactylographiés, imprimés, lithographiés au moyen d'une encre indélébile dont le notaire est seul responsable. Avant le décret du 26 novembre 1971, les procédés de reproduction devaient être agréés[55]. Les abréviations, blancs, lacunes, interlignes sont interdits. On peut écrire toutefois M., Mme ou Mlle pour Monsieur, Madame ou Mademoiselle, n. ou n° pour numéro. Les abréviations sont autorisées dans la mesure où leur signification est précisée une fois dans l'acte. Les blancs que le rédacteur aurait aménagés dans un texte quand, par exemple, une clause est à débattre, doivent être barrés au moment de la signature s'ils ne sont pas utilisés, sauf toutefois ceux qui constituent les intervalles normaux séparant paragraphes et alinéas.

Les grattages, surcharges et lavages avec produits encrivores, sont interdits. Les renvois doivent être écrits soit en marge, soit en bas de page, soit en fin d'acte et signés ou paraphés par le notaire et les autres parties[56]. Les renvois, s'ils figurent en fin des actes, doivent être numérotés. S'ils précèdent les signatures, il n'y a pas lieu de les parapher. Les actes doivent

[54] Sur le style des actes notariats cf. H.D.Amboulou, Le notariat congolais de 1960 à nos jours, précité.

[55] Sur la responsabilité du notaire, V. Rép. Min. JOAN, 14 : mai 1975, p. 2621.

[56] Pour la nullité d'un renvoi non approuvé spécialement, Cass. 1re civ., 10 oct. 1995 : Juris-Data n° 1995-002460 ; JCP N 1996, n° 7, II, p. 274 ; Defrénois 1996, art. 36447, p. 1419, note F. RUEL.

être paraphés au bas du recto de chaque feuille par les parties, le notaire et les témoins (s'il en est exigé). Le décret du 26 novembre 1971, article 9, dernier alinéa, prévoit que si les feuilles de l'acte et de ses annexes sont, lors de la signature par les parties, réunies par un procédé empêchant toute substitution ou addition, il n'y a pas lieu de les parapher.
Chaque page doit être numérotée et le nombre de pages est indiqué en fin d'acte. Les mots rayés considérés comme nuls et les blancs barrés doivent être constatés et comptés à la fin de l'acte avec approbation du notaire et des parties. Les dates peuvent être indiquées en chiffres. Toutefois, la date de l'acte qui est celle de la signature par le notaire doit être énoncée en lettres. Les sommes doivent être indiquées en toutes lettres, sauf les sommes déjà énoncées dans l'acte en toutes lettres et celles énoncées pour effectuer une opération. La rédaction des actes notariés et de leurs copies doit être dressée sur un papier offrant toute garantie de conservation fourni par l'administration de l'enregistrement, ou sur papier spécial. L'acte peut être établi sur support électronique[57].

30. La clôture : Quand les conventions sont complètement rédigées, elles sont généralement complétées par une élection de domicile[58], qui doit être faite dans le ressort du tribunal du lieu de la situation de l'immeuble ou du fonds lorsque l'acte doit être suivi de l'inscription d'un privilège immobilier, d'une hypothèque[59] ou d'un nantissement[60].

Les stipulations relatives à la charge des frais de l'acte figurent également à la fin de cet acte.
Il est d'usage de marquer la fin des conventions par les mots « Dont acte ». C'est la déclaration finale et probatoire de l'acte. En quelque sorte, l'expression renouvelée du consentement des parties pour lesquelles l'acte fera désormais loi. L'acte notarié est clôturé par trois indications indispensables relatives au lieu, à la date et à la mention de la lecture et de la signature.

---

[57] C. civ., art. 1316-1, réd. L. n° 2000-230, 13 mars 2000 et D. n°2005-973, 10 août 2005.
[58] C. civ., art. 111.
[59] C. civ., art. 2148.
[60] L. 17 mars 1909, art. 24.

31. Lieu. Les textes imposent toujours l'indication du lieu où l'acte a été signé bien que l'intérêt principal de cette précision ait diminué depuis que les notaires ont la compétence nationale. Cette mention conserve pourtant son utilité dans les zones frontalières.

32. Date. Le notaire ne doit en aucun cas antidater un acte. L'indication de l'heure n'est pas obligatoire, sauf pour les contrats de mariage lorsqu'ils sont passés le jour même de la célébration du mariage. Exception faite des contrats de mariage et des procès-verbaux, la simultanéité de la présence des parties n'est pas exigée. Un acte peut donc porter plusieurs dates, il ne devient parfait qu'à la dernière signature, avec toutefois le danger d'un changement, entre les deux dates de la capacité de la partie qui a déjà signé. En outre, les articles 6 et suivants, du décret n° 71-941 du 26 novembre 1971 précisent qu'il convient d'indiquer la date à laquelle sont apposées chaque signature et, d'autre part, la date à laquelle l'acte est signé par le notaire. Cette dernière date doit être énoncée en lettres.

33. Lecture – Signature. L'acte doit mentionner le nombre de pages sur lesquelles il est établi et l'indication que les parties et, le cas échéant, les témoins ont signé avec le notaire après qu'il leur a donné lecture de l'acte (à très haute voix ou avec l'aide d'un interprète s'il y a un sourd). Si l'une des parties ne sait ou ne peut signer, mention doit en être faite et en présence du second notaire ou des deux témoins doit être indiquée.

34. Habilitation. Sous sa surveillance et sous sa responsabilité, le notaire peut habiliter un ou plusieurs de ses clercs assermentés à l'effet de donner lecture des actes et des lois et recueillir les signatures des parties[61] ; les actes qui sont dressés par un clerc habilité et qui doivent ensuite être signés par le notaire ont le caractère d'actes authentiques au sens de l'article 1317 du Code civil, notamment en ce qui concerne les énonciations relatives aux constatations et formalités effectuées par un clerc assermenté.
L'acte se termine alors ainsi :

Fait à Tsodzou

---

[61] L. ventôse, art. 10, D. n° 71-941, 26 nov. 1971, art. 12.

Après lecture des présentes par Issongo Assa. demeurant à Tsodzou, clerc de notaire (ou notaire assistant) habilité et assermenté à cet effet, les signatures des parties ont été recueillies :
Le 14-09-03 en ce qui concerne Ngouasso Madeleine.
Et le 15-09-03 en ce qui concerne Mme Ossiendji.
Par Issongo Assa., clerc susnommé, qui a également signé, le 14-09-03
L'an Deux Mil Trois (en toutes lettres).
Le quinze septembre (en toutes lettres) ;

Ces dispositions ne sont pas applicables aux notaires salariés qui, en leur qualité d'officiers publics, confèrent eux-mêmes l'authenticité aux actes qu'ils reçoivent.

35. Exceptions. Cependant, lorsqu'une partie le demande, le notaire doit procéder en personne à toutes les formalités.

En outre, certains actes doivent être reçus par le notaire lui-même, en application de l'article 10 de la loi de ventôse, à savoir :
1° les actes nécessitant la présence de deux notaires ou de deux témoins, c'est-à-dire les testaments authentiques, les actes de suscription de testaments mystiques, les actes contenant révocation de testament et les procurations données pour révocation de testament et les actes dans lesquels les parties, ou l'une d'elles, ne savent ou ne peuvent signer ;
2° les actes de consentement à mariage ;
3° les actes de reconnaissance d'enfant naturel ;
4° les actes de consentement à adoption ;
5° les actes de donation entre vifs ;
6° les contrats de mariage ;
7° et les actes portant changement ou modification de régime matrimonial.

Section 5. Les différentes formes juridiques de l'acte notarié

Les actes notariés se présentent sous deux formes : les minutes dont l'original est conservé par le notaire et les brevets qui sont remis à l'intéressé.

Paragraphe 1. Les minutes

36. On appelle *minute* l'original de l'acte notarié que le notaire garde en sa possession pour en assurer la conservation et en délivrer des copies. Étymologiquement, le mot *minute* désigne une note écrite en petits caractères. La minute s'opposait, de ce point de vue, aux copies dont certaines étaient appelées *grosses* car elles étaient écrites en gros caractères.
L'article 20 de la loi de ventôse disposait que les notaires sont tenus de garder minute de tous les actes qu'ils reçoivent à l'exception de ceux qui, d'après la loi, peuvent être reçus en *brevet.* C'est une règle qui se trouve désormais à l'article 13 du décret du 26 novembre 1971. La rédaction en minute est d'abord nécessaire pour les actes soumis à des formes particulières. Les testaments publics, les révocations de testament et les procurations pour révocation de testament qui sont soumis à l'obligation de la présence et signature d'un deuxième notaire ou de deux témoins instrumentaires[62]. La forme en minute est encore indispensable pour les contrats de mariage, les donations, constitutions d'hypothèque, certaines procurations. Elle est pratiquement nécessaire pour les actes soumis à publicité foncière et lorsqu'un créancier doit recevoir une copie exécutoire.

Paragraphe 2. Les brevets

37. Le *brevet* est un acte simple qui n'est pas conservé à l'étude du notaire. L'original est remis au signataire ou à celui en faveur de qui il a été établi. Peuvent être établis en brevet les actes pour lesquels cette forme a été prévue par la loi : actes de suscription des testaments mystiques[63],

---

[62] L. ventôse, art. 9, mod. L. 28 déc. 1966.
[63] C. civ., art. 976 et suiv.

puis les actes énumérés par l'article 13 du décret du 26 novembre 1971, certificat de vie, procurations, actes de notoriété, quittance de fermages, de loyers, de salaires, arrérages de pensions et rentes. En résumé, peuvent être délivrés en brevet les actes considérés comme simples, c'est-à-dire les actes unilatéraux dans lesquels une seule partie s'engage, ceux qui ne contiennent pas les stipulations pouvant être invoquées par des tiers et qui ont pour objet une chose d'intérêt momentané (procurations, billets, etc.). Mais il doit être gardé minute de tous les *actes synallagmatiques*, des actes contenant des *stipulations au profit de tiers* ou que ceux-ci peuvent invoquer, des actes dont *l'effet est perpétuel.* L'acte doit porter la mention qu'il a été en brevet et être revêtu du sceau du notaire.
L'inconvénient du brevet est qu'en tant que tel, il ne peut en être délivré ni expédition, ni extrait. En cas de perte, il faut établir un autre acte avec le concours de tous ceux qui ont participé à l'acte perdu. Cependant, le contexte d'un acte en brevet peut être reproduit dans la copie d'un acte reçu en minute soit que le brevet demeure annexé à un acte de dépôt auquel il l'annexe. C'est le *rapport ou dépôt pour minute.*

Paragraphe 3. Concours

38. L'acte notarié, même s'il n'est pas solennel, peut être reçu en concours par deux notaires lorsque, par exemple, chacune des parties demande à être assistée de son notaire. Les règlements de chambre prévoient qui, des deux notaires, aura la garde de la minute et également les cas dans lesquels il y a lieu à concours. Autrefois, il était d'usage, dans certaines régions, de dresser alors un acte en double minute. Toutefois, quelques règlements de chambre n'admettaient pas cette pratique qui était source de frais de timbre supplémentaires avant la suppression du droit de timbre à compter du 1er janvier 2006. En cas de double minute, on indiquait sur l'acte quel est celui des deux notaires qui était chargé de la délivrance de la copie exécutoire et de l'expédition et de l'accomplissement des formalités. Cette pratique peut être remplacée par un procédé plus simple et pragmatique. Le notaire en second conserve une copie de l'acte classé, à la date de celui-ci, avec les minutes de ses actes.

39. Actes à la suite. En principe, il est interdit d'établir deux actes l'un à la suite de l'autre sur un même papier. Cependant, un certain nombre d'actes échappent à cette interdiction. Ce sont les ratifications, les diverses vacations d'un inventaire, les actes modificatifs, les différents actes établis en vue d'une adjudication (cahier des charges, dires, procès-verbal de mise en vente, procès-verbal d'adjudication, déclaration de commande, surenchère, etc.), les décharges de dépôt de sommes, les procès-verbaux de tirage au sort. L'endos d'une copie exécutoire consenti par un particulier se fait directement sur ladite copie[64].

40. Annexes. L'annexe consiste essentiellement à joindre à un acte notarié une autre pièce qui y est énoncée, notamment une procuration. On donne aussi ce nom d'annexe à la pièce jointe. L'article 8 du décret du 26 novembre 1971 édicte que les pièces annexées à l'acte doivent être revêtues d'une mention constatant cette annexe et signées du notaire, et que les procurations sont annexées à l'acte. Dans ce cas, il est fait mention dans l'acte du dépôt de la procuration au rang des minutes. La mention d'annexe doit être signée par le notaire[65].

41. Attestations – Certificats. Dans d'autres actes, le notaire certifie et atteste, de sa propre autorité et après examen complet des titres, l'existence du fait ou d'une situation juridique. Le notaire agit seul et c'est alors que son rôle se rapproche encore davantage de celui d'un juge dans la juridiction volontaire. Ces actes sont les certificats de mutation (anciens certificats de propriété) pour le transfert des valeurs mobilières et de certains comptes de dépôt, notamment dans les caisses d'épargne, les attestations de propriété foncière.

Ils ont généralement le cadre suivant :

« Je soussigné X., notaire à …

Attendu le décès (ou un autre fait).

Et vu… (Énumération des actes et titres sur lesquels le notaire fonde son certifié).

---

[64] L. n° 76-519, 15 juin 1976, art. 6. V. infra, n° 224.

[65] Cass. 1re civ., 7 oct. 1997 : Juris-Data n° 1997-003851 ; JCP N 1998, n° 3, p. 57 ; Defrénois 1998, art. 36788, note GELOT.

Certifie et atteste… que tel bien… appartient à M…. ».

La loi confère à ces actes une efficacité extraordinaire puisqu'ils doivent recevoir une exécution conforme aux conclusions du notaire.

CHAPITRE II

LE DROIT DE LA FORME

42. L'acte notarié n'est sans doute pas le seul élément de formalisme de notre droit. Il existe d'autres actes authentiques comme *les actes de l'état civil, les actes d'huissiers, les actes administratifs*. D'autres règles de forme que l'authenticité sont parfois exigées pour la validité de l'acte (testament olographe qui doit être écrit à la main par le testateur, daté et signé ; promesse de vente sous seing privé obligatoirement enregistrée dans les dix jours ; effets de commerce ; chèques, etc.) ou pour son efficacité (actes soumis à publicité foncière). Il n'en reste pas moins que l'acte notarié est l'application la plus caractéristique du formalisme même si l'intervention du notaire ne se limite pas à cette mission

Paragraphe 1. Formalisme et consensualisme.

43. L'acte notarié doit obéir à diverses prescriptions relatives à l'intervention du notaire et aux solennités requises. L'authenticité résulte aussi de l'application d'un certain formalisme dans lequel le législateur voit une garantie de régularité et de véracité des actes juridiques.

Ce formalisme a pu paraître contraire au principe du consensualisme reconnaissant une efficacité juridique à la volonté des parties quel qu'en soit le mode d'expression pourvu que la preuve en soit rapportée, mais comme l'expliquait dès le début du XXe siècle le doyen Gény dans *Science et technique en droit privé positif*: *«Si le formalisme a pu varier dans ses manifestations, il semble en lui-même compter toujours parmi les éléments indispensables d'une bonne technique juridique»*[66].

[66] *Lire à ce sujet dans l'ouvrage précité, éd. 1927, IIIe partie, P. 121 et 122.*

44. Avantage du formalisme. Le formalisme est en effet une garantie de régularité et s'il ralentit par exemple le commerce juridique, si dans certains cas il fait prévaloir la lettre sur l'esprit, il a aussi d'importants avantages :

-Il constitue pour les parties une protection contre leurs propres entraînements, d'abord par le ralentissement qu'il apporte à la conclusion des affaires, ensuite par l'intervention d'un officier public qui les protège contre les pressions des adversaires ;
-L'acte, s'il est rédigé par les parties peu familiarisées avec les principes et les termes juridiques est exposé à une rédaction défectueuse ou inexacte ne reflétant pas les véritables intentions des contractants ; on ne s'improvise pas rédacteur d'acte alors que le notaire est spécialisé dans cette activité ;
-Le formalisme est une garantie de sécurité ; les actes notariés prémunissent les parties contre les risques de perte, d'altération ou de destruction[67].

45. Tendance législative. Ces raisons ont conduit le législateur à entourer de formalisme les actes particulièrement importants comme les actes dits solennels, dont la validité est subordonnée à des conditions de forme, mais à doter l'acte authentique d'avantages (force probante et force exécutoire) supérieurs à ceux de l'acte sous signatures privées[68].

---

[67] Sur la forme et le style des actes notariés, cf. H. D. AMBOULOU, Le notariat congolais de 1960 à nos jours, n° 289. Hemar 2005.

[68] Il faut en outre reconnaître que le formalisme connaît à notre époque une certaine renaissance (V. à ce sujet : GENY, Science et technique en droit privé positif. BONNECASE, L'essence du formalisme (supplément au Baudry). FLOUR, Droit privé du milieu du XXe siècle dans Mélanges Ripert, p.93 et l'article dans le répertoire du notariat Defrénois, oct. 1979. SAVATIER, Métamorphoses économiques et sociales du droit civil d'aujourd'hui, P.81 et. s. – MŒNECLAEY, De la renaissance du formalisme dans les contrats en droit civil et commercial. Note GHESTIN, sous Cass, 14 juin 1972 : JCP 1974, il, 17627. Le formalisme. Journée Jacques FLOUR : Defrénois 2000, n° spécial, juill.-août).
L'évolution législative récente confirme cette tendance. Ainsi la protection du consommateur a paru justifier de nouvelles règles de forme (V. J.CI. Notariat Formulaire, V. Avant-contrat, Fasc.14, V° Cautionnement, V. Prêt à intérêt, FASC.30).
Une loi règlemente l'exercice du droit, Seuls des professionnels offrant des garanties de compétence et de solvabilité peuvent, à titre habituel et rémunéré, donner des consultations. juridiques ou rédiger des actes sous seing privé pour autrui (L. n°71-1130, 31 déc. 1971, art. 54, modifié L. n°90-1259, 31 déc. 1990).

Section 1. Le notaire, conseil des parties

Paragraphe 1. Principe

46. Le rôle d'authentificateur, s'il constitue une mission importante du notaire, n'est pas la seule des missions qu'il doit accomplir. Dans l'exposé des motifs de la loi du 25 ventôse an XI, le conseiller Real déclarait : «A côté des fonctionnaires qui concilient et qui jugent les différends, la tranquillité appelle d'autres fonctionnaires qui, conseils désintéressés des parties aussi bien que rédacteurs impartiaux de leur volonté, leur faisant connaître toute l'étendue des obligations qu'elles contractent, rédigeant les engagements avec clarté, leur donnant le caractère d'un acte authentique et la force d'un jugement en dernier ressort, perpétuant leur souvenir et conservant leur dépôt avec fidélité, empêchent les différends de naître entre les hommes de bonne foi et enlèvent aux hommes cupides avec l'espoir de succès, l'envie d'élever une injuste contestation. Ces conseils désintéressés, ces rédacteurs impartiaux, cette espèce de juges volontaires qui obligent irrévocablement les parties contractantes sont les notaires : cette institution est le notariat.»

Le règlement national du notariat français, approuvé par arrêté du 24 décembre 1979, complète ainsi la définition : « Il est l'arbitre impartial des contrats qu'il reçoit et le conseil des personnes, des entreprises et des collectivités ; il assure la moralité et la sécurité de la vie contractuelle. » Comme l'écrit Saint-Geniest dans son rapport au IIIe congrès du Notariat latin [69] : « L'obligation du conseil paraît être incluse dans le pouvoir conféré au notaire de recevoir les actes et se trouve inséparable de ce pouvoir, le droit notarial impliquant par sa nature le conseil et l'arbitrage.». La loi en confiant au notaire l'emploi du moyen juridique qui permet de constater les conventions des parties, cet officier public est tenu de fournir un acte valable ne contenant que les conventions permises et produisant les résultats que les parties en attendent. Le notaire, rédacteur de l'acte, doit avoir préalablement

[69] Actes du congrès, t. I, p. 345 et suiv.

donné le conseil approprié non seulement pour la validité mais aussi du point de vue de l'opportunité pour que soit réalisé ce que demande le client.

Paragraphe 2. Développement de l'activité de conseil

47. Le notaire, comme d'autres praticiens du droit, est amené à remplir un rôle plus actif de l'élaboration des conventions des parties. Le choix des modalités d'une acquisition, la transmission d'une entreprise, la préparation d'une succession, la réalisation d'un ensemble immobilier requièrent une connaissance globale des problèmes et supposent une expérience que les intéressés attendent du notaire. Ce que l'on appelle aujourd'hui la gestion de patrimoine est une manifestation de ce besoin de conseils d'autant plus vivement ressenti que le droit, la fiscalité et les techniques financières sont complexes. Pour permettre aux notaires de faire face aux difficultés de ce service, un organisme collectif, l'Union notariale financière[70], à l'origine destiné aux opérations de crédit hypothécaire, s'est vu assigner une mission de conseil en matière financière et économique. Ainsi, à côté des Cridon qui le font en matière juridique et fiscale, l'Unofi remplit un rôle d'assistance technique dans le domaine des affaires. L'institut notarial du patrimoine du Conseil supérieur du notariat a pour fonction d'encourager et de coordonner les actions de formation en matière de gestion de patrimoine[71].

48. Jurisprudence. Les tribunaux ont très tôt et très fermement affirmé ce devoir de conseil : Les notaires sont les conseils que la loi elle-même a donnés aux parties qui sont obligées de se confier à eux[72]. Plus d'un siècle après, la Cour de cassation souligne : «Les notaires n'ont pas seulement pour mission de donner l'authenticité aux actes qu'ils rédigent, dans son esprit et dans ses motifs mêmes, la loi qui les institue a entendu leur conférer un rôle plus digne et plus élevé, elle les considère comme des conseils désintéressés des parties»[73]. Ce devoir de conseil se développe dans la pratique tous les

---

[70] Unofi, 7 et 7 bis, rue Galvani, 75107 Paris.
[71] J. BERNARD DE SAINT-AFFRIQUE, La responsabilité professionnelle du gestionnaire de patrimoine au regard de l'abus de droit : Defrénois 1988, p. 769.
[72] Rouen, 21 janv. 1841 : s. 1841, 2253.
[73] Cass., 3 août 1958 : S. 1959, 1,350. V. aussi Cass. 1ère civ. 18 févr. 2003 : Juris- Data n° 2003-017960. – Cass 1ère civ. 21 févr. 2006 : Juis-Data n° 2006-032341.V. à ce sujet R.

jours davantage à mesure semble-t-il que la législation, devenant plus abondante et plus confuse, rend plus complexe et plus difficile la défense des intérêts de la clientèle dont le notariat assume la charge.
L'obligation de conseil pèse sur le notaire alors même qu'il n'est chargé que de régulariser un acte dont les conditions ont été arrêtées sans son concours[74];

49. Rôle de médiation. Souvent le notaire remplit une fonction plus large que celle de rédacteur de la convention. Ainsi au moment de la mise au point du contrat dont les dispositions ne sont pas entièrement arrêtées, le notaire essaie de rapprocher les points de vue et de suggérer la solution la plus conforme aux intérêts bien compris des parties. Il joue ainsi un rôle de réconciliateur. On comprend alors pourquoi le droit notarial ne peut se limiter à être un simple droit de la forme.

Paragraphe 3. Le notaire, chef d'entreprise

50. Le notaire exerce ses fonctions comme un professionnel libéral, c'est -à - dire qu'il a le choix et la responsabilité des moyens à mettre en œuvre pour répondre aux besoins de sa clientèle. En effet, il assume le service public dont il est chargé « dans le cadre d'une activité libérale »[75]. Même si son activité relève du domaine juridique et suppose une relation personnelle avec la clientèle, les contraintes économiques lui imposent une attitude de chef d'entreprise. Il doit avoir le souci de la gestion de son office, choisir son personnel avec discernement, veiller à l'organisation du travail, faire les investissements en locaux et en matériels qu'impose la réponse aux besoins de la clientèle, surveiller les frais généraux, calculer ses prix de revient, déterminer le coût des services qu'il rend indépendamment des actes

---

SAVATIER, Le devoir de conseil des notaires dans la jurisprudence contemporaine, Défrénois 1927, art. 21347. J.L Aubert, La responsabilité civile des notaires, Defrénois, 4e éd. 2002.- J-P DECORPS, Le devoir de conseil du notaire en matière d'urbanisme : JCP N 1973, I, 2583. J.P. PILLEBOUT, La responsabilité notariale, ombre et lumière : Liber amicorum G. Daublon, Défrénois 2001, P. 17.

[74] Cass. 1 ère civ., 5 juill. 1989 : Juris-Data n° 1989-702690 ; JCP N 1990 ; Il , p. 21.

[75] Régl.nat.24 déc. 1979, al. Ajouté, A. 9 sept. 1986.

relevant du tarif obligatoire, déterminer les secteurs juridiques et économiques où il envisage de développer ses activités[76].

En qualité de professionnel libéral, le notaire relève du régime de protection sociale des travailleurs non salariés[77]. La possibilité pour les notaires d'exercer leur profession dans le cadre de sociétés (même de forme commerciale) permettant une organisation plus rationnelle est encore un facteur de modernisation des offices.

1. Gestion

51. Tout cela suppose le recours aux méthodes de gestion qui sont familières aux chefs d'entreprise. Le premier instrument d'analyse est la comptabilité qui dans tous les offices doit être tenue suivant des règles rigoureuses destinées à assurer la sécurité des clients. A partir des chiffres révélés par la comptabilité qui doit être tenue selon les règles du plan comptable pour tous les offices depuis le 1er janvier 1990, il est possible d'établir des ratios permettant de connaître le fonctionnement de l'office. Le montant des produits et des charges correspondant aux différents secteurs d'activités peut être déterminé afin de faciliter les décisions relatives au développement de nouveaux services comme la négociation, le conseil en gestion de patrimoine, l'expertise. La connaissance de ces diverses techniques est si importante que les candidats à la profession sont invités à participer à des stages de formation organisés par les chambres et les conseils régionaux des notaires[78].

2. Restriction

52. Cette liberté d'entreprendre qui est le propre des professionnels libéraux trouve une limite dans le caractère d'officier public du notaire et dans la nature de son activité. Tout d'abord comme officier public, le notaire est soumis à diverses obligations et prohibitions qu'il doit remplir et respecter scrupuleusement. Ainsi, alors même que la rémunération d'un acte dont l'émolument est fixé par le tarif obligatoire peut lui paraître insuffisante eu égard au coût qu'il entraîne, il doit respecter la règlementation et ne pas

---

[76] cf. H. D. AMBOULOU, Le notaire et le Service public, L'Harmattan 2008.

[77] V. J.-CI. Notarial Formulaire, V. Notariat, Fasc. 300.

[78] V. Acte Uniforme sur le droit comptable de l'OHADA.

réclamer de somme en dehors de ce que celle-ci prévoit[79]. Le notaire ne peut faire de commerce, d'opérations spéculatives, emprunter ou prêter sur billet[80].
Si le notaire peut se livrer à titre accessoire à des activités de nature commerciale pour répondre à la demande de sa clientèle, il ne peut légitimement céder séparément une branche d'activité commerciale[81].

Paragraphe 4. Garde et conservation des minutes

53. L'article 1er de la loi de ventôse édictait que les notaires doivent conserver le dépôt des actes qu'ils ont authentifiés. Cette disposition résulte aujourd'hui de l'article 13 du décret n° 71-941 du 26 novembre 1971. Les notaires doivent veiller avec beaucoup de soin à la conservation des minutes et éviter toute détérioration. Les actes sur support électronique sont conservés dans *un minutier* central géré par le conseil supérieur du notariat. En ce qui concerne la conservation des minutes et des archives, il convient de se reporter à la loi du 3 janvier 1979 et au décret de 19 décembre 1979 sur les archives. Le délai de conservation par le notaire des minutes et répertoires avant de les remettre aux archives publiques est de cent ans. Le notaire qui a perdu une minute par sa faute ou l'a laissé détruire est exposé à une action en responsabilité. Il peut même encourir une peine criminelle s'il a soustrait lui-même une minute ou une peine correctionnelle en cas de négligence[82].

En cas de destruction des archives, notamment par fait de guerre, incendie, inondation, le notaire a pour devoir de les reconstituer conformément aux dispositions de la loi du 15 décembre 1923[83]. Le notaire doit conserver non seulement ses propres minutes mais encore celles de ses prédécesseurs.

---

[79] D.n° 78-262,8 mars 1978, art. 17.
[80] Loi du 29 Sept. 1989 portant institution du notariat en République Populaire du Congo.
[81] Cass. 1ère civ. 30 mars 2005 : Juris-Data n° 2005-027801 ; JCP N 2005, n° 51-52, 1495, avis J. Sainte-Rose.
[82] C. pén, art. 173, 254 et 255. Un notaire a fait l'objet d'une démission d'office pour avoir, entre autres négligences, laissé la minute d'un acte au domicile de l'une des parties, C.A Reims, 16 déc. 1998 : juris-data.
[83] Art. 7 mod. L.2 août 1949.

54. Cas de dessaisissement. Les notaires ne peuvent se dessaisir d'aucune minute, sauf dans les cas prévus par la loi et en vertu d'un jugement[84], notamment en cas de poursuite en faux et vérification d'écriture.
Par ailleurs, ont le droit de communiquer les minutes : le ministère public en cas de flagrant délit ou d'instruction judiciaire, le juge d'instruction qui peut en outre faire des perquisitions dans l'étude (dans ce cas il est d'usage qu'il soit accompagné par le président de la chambre des notaires). Le juge taxateur, les inspecteurs de comptabilité, les agents de l'enregistrement.

55. Modalités de dessaisissement. Avant de se dessaisir d'une minute dans les cas ci-dessus, le notaire a dressé et signé une copie (*dite copie figurée*) sur laquelle il est fait mention de sa conformité avec l'original par le président du tribunal de grande instance du lieu de leur établissement. Cette copie est substituée à la minute et en tient lieu jusqu'à sa réintégration.

Jusqu'à la réforme du code de procédure civile, la communication à un tiers n'était possible qu'au moyen d'une *procédure assez compliquée dite de compulsoire*. Les articles 138 à 141 du Nouveau code de procédure civile ont apporté quelques simplifications. Si, au cours d'une instance, une partie entend faire état d'un acte authentique auquel elle n'a pas été partie, elle peut demander au juge saisi de l'affaire d'ordonner la délivrance d'une expédition ou la production de l'acte. Le juge par décision, exécutoire par provision, peut ordonner la délivrance ou la production de l'acte ou de la pièce en original, en copie ou en extrait dans les conditions et sous les garanties qu'il fixe. En cas de difficulté, le juge peut rétracter ou modifier sa décision et cette nouvelle décision est susceptible d'appel. L'article 770 du nouveau code de procédure civile édicte que *le juge de la mise en état* exerce tous les pouvoirs nécessaires à la communication, à l'obtention et à la production des pièces. De toute façon, la communication n'a jamais lieu par la remise de la minute en main de la partie ou du tiers. On discute sur la possibilité d'exiger, en cas de communication, une copie photographique. L'affirmative semble l'emporter en doctrine et en jurisprudence mais de grandes précautions doivent être prises. Si la minute doit provisoirement être sortie des archives du notaire, celui-ci en conserve une copie figurée.

---

[84] D.26 nov. 1971, art. 14.

Paragraphe 5. Les copies d'actes

56. Les notaires délivrent aux parties intéressées des copies des actes en minute qu'ils reçoivent pour elles. Il leur est interdit, sous peine d'amende, de délivrer la copie à d'autres qu'aux personnes intéressées ou à leurs héritiers ou ayants droit[85]. Le droit de délivrer les copies exécutoires, copies authentiques ou expédition, appartient au notaire détenteur de la minute ou des documents qui lui ont été déposés pour minute. Dans les sociétés civiles professionnelles des notaires, chaque associé peut délivrer les copies exécutoires ou copies authentiques des actes même si ceux-ci ont été reçus par l'un des coassociés. Le notaire salarié a les mêmes prérogatives. Pour les copies authentiques seulement, le notaire peut habiliter un ou plusieurs de ses clercs à les délivrer. La chambre des notaires doit être prévenue et le clerc habilité fait figurer sur la copie authentique qu'il délivre outre le sceau du notaire, sa signature et un cachet portant son nom et la date de son habilitation, laquelle est toujours révocable.

57. Formes. L'article 15 du décret n° 71-941 du 26 novembre 1971 édicte : « Les copies exécutoires et expéditions sont établies de façon lisible et indélébile sur un papier offrant toute garantie de conservation. Elles respectent les paragraphes et les alinéas de la minute. Chaque page de texte est numérotée, le nombre de ces pages est indiqué à la dernière d'entre elles.
Chaque feuille est revêtue du paraphe du notaire, à moins que toutes les feuilles ne soient réunies par un procédé empêchant toute substitution ou qu'elles ne reproduisent les paraphes et signatures de la minute. La signature du notaire et le sceau sont apposés à la dernière page et il est fait mention de la conformité de la copie exécutoire ou de l'expédition avec l'original… ». La suite du texte comporte des précisions sur la façon dont les pages doivent être paraphées, sur les modalités d'approbation des renvois et des chiffres et mots annulés. Les paraphes et signatures doivent être manuscrits.
En principe, un notaire ne peut délivrer la copie d'un acte avant qu'il ne soit enregistré. Il n y a d'exception que pour les copies authentiques de testament ou d'une donation entre époux délivrée du vivant du disposant et pour les actes soumis à la formalité unique de publicité foncière.

---

[85] L. ventôse. art.23.

1. La copie exécutoire

58. La copie exécutoire est une copie revêtue de la formule exécutoire. Celle-ci est employée par l'officier public délégataire de la puissance publique pour commander et assurer au nom de cette autorité souveraine l'exécution des actes notariés. Il est à remarquer que la loi n°76-519 du 15 juin 1976 a substitué au terme *de grosse*, jugé désuet, l'expression *copie exécutoire.* La délivrance des copies exécutoires est constatée par une mention en marge de la minute, paraphée par le notaire[86].

59. Forme. Les copies exécutoires sont intitulées et terminées dans les mêmes termes que le jugement des tribunaux[87]. La copie exécutoire débute par les mots suivants :

«République du Congo, au nom du peuple congolais ».

Elle se poursuit par la teneur intégrale ou par extrait de l'acte et se termine par la mention suivante :

« En conséquence, la République du Congo mande et ordonne à tous huissiers de justice sur ce requis de mettre les présentes à exécution.

Aux procureurs généraux et aux procureurs de la république près les tribunaux de grande instance d'y tenir la main.

A tous les commandants de la force publique de prêter main-forte lorsqu'ils en seront également requis.

En foi de quoi, les présentes établies sur… (Nombre) de feuillets ont été collationnées, reconnues conformes à la minute, signées, scellées et délivrées par M^e …, notaire à … pour première copie exécutoire. » . Le notaire signe et appose son sceau au bas de la copie exécutoire. Par une mention sommaire apposée sur la minute, le notaire indique la délivrance de la copie exécutoire et la date de cette délivrance.

60. Délivrance – Effets. La copie exécutoire d'un acte est délivrée lorsque cet acte contient une obligation de faire ou de payer envers l'une des parties : bail (copie exécutoire délivrée au bailleur pour avoir paiement des loyers), contrat de prêt (copie exécutoire délivrée au prêteur), vente (copie exécutoire

[86] D.26 nov. 1971art.19.
[87] D.26 nov. 1971, art.18.

délivrée au vendeur pour avoir paiement du prix payable à terme et des intérêts). En cas de défaillance du débiteur dans l'exécution, le créancier remet la copie exécutoire à l'huissier de justice pour faire commandement et les poursuites sont engagées sans qu'il soit nécessaire d'obtenir un jugement contre le débiteur. Les copies exécutoires font foi comme les minutes et leur exécution ne peut être arrêtée que par l'inscription de faux. Certaines copies exécutoires revêtent une forme particulière afin de faciliter la transmission de la créance qu'elles représentent.

61. Interdiction des grosses au porteur. Remarquons, tout d'abord, que l'article 2 de la loi de 15 juin 1976 a interdit les grosses au porteur, c'est -à-dire celles qui se transmettaient comme des titres au porteur, le porteur de la grosse étant présumé titulaire de la créance. Cette interdiction a été édictée en raison des graves abus auxquels elles avaient donné lieu, malgré la rapidité et l'économie réalisées lors de la transmission de la créance.

62. Endossement. La loi du 15 juin 1976 laisse pourtant subsister les copies exécutoires à ordre qui se transmettent par une mention d'endos qui rend l'endossataire titulaire de la créance. Ces copies exécutoires à ordre ne peuvent être créées qu'en représentation d'une créance garantie par un privilège spécial immobilier ou par une hypothèque immobilière. L'acte doit être établi en minute et la copie exécutoire à ordre de comporter un certain nombre de mentions (dénomination, texte de loi, montant de la somme due, numéro, référence à l'inscription). Il ne peut y avoir de copie exécutoire à ordre si l'acte a prévu la création d'effets négociables.
A peine de nullité, l'endossement doit être constaté par un acte notarié[88]. Le notaire doit notifier l'endossement par lettre recommandée avec avis de réception au débiteur, au notaire qui a reçu l'acte originaire, aux établissements bancaires ou chargés de payer ou de recevoir le paiement. Le paiement de la créance et la mainlevée sont soumis à une autre prescription[89]. Notons que certaines formalités et mentions sont supprimées lorsque la copie exécutoire à ordre est endossée au profit d'un établissement bancaire, financier ou de crédit à statut légal spécial[90].

[88] L. n 76-519, 15 juin 1976, art.6, al 2. V. Ci-après pour les établissements financiers.
[89] L 15 juin 1976, art 7 et 10.
[90] M.Dagot : jcp 1976, I, 2820.

63. Remise – perte. Il convient de noter que la remise volontaire de la copie exécutoire par le créancier au débiteur fait présumer de la remise de la dette ou de son paiement[91]. Il s'agit d'une présentation simple. Il ne doit être délivré qu'une seule copie exécutoire d'un acte notarié. En cas de perte, la loi permet la délivrance d'une seconde copie exécutoire, mais seulement s'il y a nécessité absolue et avec une décision de justice. Les formalités sont prévues par l'article 1439 et diverses dispositions du nouveau code de procédure civile : ordonnance sur requête, sommation au notaire et aux parties intéressées, procès-verbal par le notaire et, le cas échéant, délivrance de la seconde copie exécutoire. On appelle *ampliation* la copie exécutoire qui est délivrée par un notaire sur la copie exécutoire originale qui lui a été déposée pour minute ou qui se trouve annexée à la minute d'un acte dont il est dépositaire ; cela permet d'obtenir des titres exécutoires partiels d'un acte dont la copie exécutoire est déjà délivrée. Il ne faut pas confondre ces titres avec des copies exécutoires d'un même acte remises à chaque créancier avec indication de la somme à concurrence de laquelle chacune d'elle est exécutoire. La procédure de délivrance de copie exécutoire ampliative n'est plus expressément admise mais il est admis que l'article 1439 du nouveau code de procédure civile précité puisse être appliqué.

2. Les expéditions ou copies authentiques

64. Les notaires peuvent délivrer sans aucune limitation, pourvu que ce soit aux parties intéressées, des copies des actes qu'elles ont passés devant lui. Ces copies sont appelées expéditions ou copies authentiques lorsqu'elles contiennent le texte intégral de l'acte. Elles sont signées par le notaire et reproduisent, le plus souvent, les signatures, les annexes et la mention d'enregistrement. Le notaire peut se faire substituer pour la délivrance d'une copie authentique alors qu'il ne peut le faire pour une copie exécutoire. La délivrance de la copie authentique faisant présumer le paiement des frais, le notaire peut se refuser à la délivrance si les frais ne lui ont pas été réglés.

---

[91] C. civ, art 1283.

3. Les extraits

65. L'extrait est la copie partielle ou l'analyse de l'acte. Il peut donc être *littéral*, copie fidèle du texte de certaines parties d'un acte notarié, *analytique* s'il indique la substance de l'acte, le sens de ses dispositions, mais sans en reproduire les termes exacts (ce procédé est d'ailleurs assez dangereux et peu employé), ou à la fois littéral et analytique. Les règles générales de délivrance des extraits sont les mêmes que celles des copies authentiques. Certains extraits analytiques sont imposés par la *loi dite de simplification fiscale* ayant, en particulier, fusionné l'enregistrement et la formalité de publicité foncière[92].

4. Copie collationnée

66. C'est la copie d'une pièce représentée et rendue au bas de laquelle le notaire qui la délivre met un certificat attestant sa conformité avec la pièce sur laquelle elle a été faite. On peut ainsi faire des copies soit d'actes originaux sous seing privé, soit la mention inscrite sur des registres. Le certificat au bas de la copie collationnée est un acte et comme tel doit être reçu dans les conditions légales.

5. Copie pour publicité foncière

67. Lorsqu'un acte donne lieu à publicité foncière, le notaire délivre des copies destinées au bureau des hypothèques. Ces copies sont établies sur un papier libre spécial dont le texte de la première page est inséré dans un cadre occupant la partie supérieure et la partie gauche de la page, ce cadre étant réservé au moyen d'un procédé électronique, le cadre étant souvent disponible sur Internet.
En ce qui concerne les seuls actes de vente (pendant une période transitoire), le document hypothécaire, sinon l'acte lui-même, doit être présenté en deux parties suivant les instructions relatives au document hypothécaire normalisé[93]. Les nouvelles technologies et l'acte sur support électronique

---

[92] CGI, art. 647-I, 647-II.
[93] -J. CI . *National Formulaire,* V° Publicité foncière, Fasc. 105.

permettent d'effectuer les formalités par télétransmission de façon instantanée. C'est le système Téléacte mis au point par le notariat et l'administration. Le règlement des droits a lieu simultanément par virement opéré également par télétransmission.

Paragraphe 6. Répertoire

68. Les notaires doivent tenir répertoire de tous les actes qu'ils reçoivent, aussi bien minutes ou brevets, enregistrés ou non[94]. Les répertoires peuvent être établis sur feuilles mobiles, éventuellement par ordinateur. Leurs pages sont visées et paraphées par le président de la chambre des notaires sauf si l'on use d'un procédé évitant toute substitution ou addition de feuilles. Les répertoires sont tenus jour par jour. Ils contiennent la date, la nature (minute ou brevet), l'espèce de l'acte (vente, prêt, notoriété, etc.), les nom, prénoms et domicile des parties, l'indication des biens, leur situation, le prix, la mention d'enregistrement. Si l'acte a plusieurs dates, l'inscription est faite à la dernière date sur le registre du notaire ayant instrumenté, sur celui des deux notaires si l'acte a été reçu en double minute ou en cas de substitution de notaire. Les notaires sont tenus de déposer au greffe du tribunal de grande instance de leur résidence dans les départements les actes qui n'ont pas besoin d'être légalisés, mais ils doivent l'être, en principe, lorsqu'il y a lieu de les produire devant une autorité étrangère. Dans une lettre du 28 décembre 1971, adressée au président du Conseil supérieur du notariat, le directeur des Affaires civiles et du sceau indique qu'est substitué aux différentes formalités successives de légalisation (président du tribunal de grande instance, ministère de la justice, ministère des affaires étrangères, consul du pays où l'acte doit être utilisé), le simple visa du ministère des Affaires étrangères ou celui d'un conseil exerçant les fonctions dans le pays où le document doit être utilisé[95]. Ce système n'est pas applicable :

1° Dans les relations avec les États à l'égard desquels le Congo est lié par des conventions internationales portant dispense pure et simple de légalisation, ou y substituant la formalité de l'apostille ;

---

[94] D. n°71-941, 26 nov. 1971, art. 21 et 22. instr. DGI, 1er juin 1972. – V.J. CI. *National Formulaire,* V. Répertoire.

[95] V.J. CI. *National Formulaire,* V. Législation.

2° Si l'autorité étrangère n'accepte pas cette forme de légalisation simplifiée.

69. Formalités. Avant la signature de l'acte, le notaire doit demander de nombreux documents (extrait cadastral, documents d'urbanisme, renseignements hypothécaires, etc.) et effectuer de multiples formalités variables suivant les cas (droit de préemption du locataire ou du fermier, droit de préemption urbain, droit de préemption de la SAFER, division cadastrale, etc.). L'acte signé est répertorié, d'autres formalités sont nécessaires. Certaines sont exigées, d'une part pour que les parties s'acquittent à propos de cet acte de leurs obligations fiscales, d'autre part pour que les conventions soient opposables aux tiers.

70. Dépôt. Un grand pas est franchi quand le dépôt est fait avec reconnaissance et certification de signatures. L'acte sous signatures privées devient alors un véritable acte authentique. Il est interdit aux notaires de retenir par voie de dépôt ou d'annexe les brevets, copies exécutoires, copies authentiques ou extraits d'actes passés devant d'autres officiers publics congolais à l'exception des procurations, substitutions de pouvoirs, pièces établissant les qualités des parties et celles nécessaires à la délivrance de certificats de propriété ou certificats de mutation.

Section 2. Déclarations des parties et certificats

Paragraphe 1. Déclarations des parties

71. Le notaire peut aussi établir des actes consignant des déclarations n'engageant que leurs auteurs. Ce sont, par exemple, les actes de notoriété, véritables témoignages écrits, les testaments authentiques, les inventaires et procès-verbaux, les reconnaissances d'enfants naturels. Le notaire, apparemment, semble écrire sous la dictée puisqu'il est censé savoir reproduire la volonté des parties dans l'acte. Dans tous les cas, il doit en vérifier le contenu, au moins dans les limites de ce qu'il peut savoir. Dans les procès-verbaux, le notaire constate les déclarations des parties pour la convention de leurs droits à l'égard des tiers (procès-verbaux de comparution, protêts). Il constate également la consistance de tel patrimoine (inventaires). Dans ces actes, le notaire jouit de prérogatives semblables à celles d'un juge puisqu'il peut prononcer défaut ou recevoir un serment.

Paragraphe 2. Attestations – Certificats

72. Dans d'autres actes, le notaire certifie et atteste, de sa propre autorité et après examen complet des titres, l'existence du fait ou d'une situation juridique. Le notaire agit seul et c'est alors que son rôle se rapproche encore davantage de celui d'un juge dans la juridiction volontaire.
Ces actes sont les certificats de mutation (anciens certificats de propriété) pour le transfert des valeurs mobilières et de certains comptes de dépôt, notamment dans les immeubles d'épargne, les attestations de propriété après décès concernant les immeubles successoraux en vue de la publicité foncière. Ils ont généralement le cadre suivant :
« *Je soussigné X., notaire à.*
Attendu le décès (*ou un autre fait*).
Et vu… (Énumération des actes et titres sur lesquels le notaire fonde son certifié). Certifie et atteste… que tel bien… appartient à M… »
La loi confère à ces actes une efficacité extraordinaire puisqu'ils doivent recevoir une exécution conforme aux conclusions du notaire.

Paragraphe 3. Prérogatives et attributs des notaires

73. Les notaires bénéficiaient de différents privilèges dans l'ancienne législation, comme l'exemption du logement des gens de guerre ou la dispense d'être tuteurs, qui ont été supprimés. Ils avaient droit au port d'un costume qui est tombé en désuétude, sauf pour les notaires de Paris qui portent encore, dans certaines circonstances, l'habit à la française, la culotte courte et le bicorne.
L'article 20 du règlement national prévoit que les notaires doivent obligatoirement signaler leurs études ou leurs bureaux annexes par des panonceaux, au nombre de quatre au plus, sans autre légende que le mot « notaire » écrit sur le panonceau. Les notaires sont tenus également de posséder un sceau particulier, portant leur nom, qualité et établissement et, d'après un modèle uniforme, l'effigie de la République. Ce sceau est apposé sur les expéditions ou copies authentiques, les copies exécutoires et les brevets. Chaque notaire associé doit posséder un sceau qui précise sa qualité d'associé[96].

---

[96] D. n° 71-941, 26 nov. 1971, art. 20 ; D. n° 67-868, 2 octobre 1967, art. 45.

Paragraphe 4. Protection du notaire

74. Les notaires sont protégés contre les outrages qui leur sont faits dans l'exercice de leurs fonctions par les dispositions de l'article 433-3 du Code pénal. Ils peuvent également invoquer les dispositions sur la presse et celles de l'article R. 621-1 du Code pénal sanctionnant la diffamation[97].

Ils sont aussi protégés dans l'exercice des activités qui leur sont réservées. L'article 433-13 du Code pénal[98] sanctionne d'une peine d'un an d'emprisonnement et de 15 000F d'amende le fait d'exercer une activité réservée au ministère des officiers publics ou ministériels. Une association de conseils juridiques a été condamnée au titre de la concurrence déloyale pour avoir fait passer sous la rubrique « notaires » d'un annuaire un encart publicitaire destiné à mettre en valeur la profession de conseil juridique existant encore à l'époque[99]. Enfin, aux termes de l'article 433-18 du Code pénal est sanctionné l'usage irrégulier de qualité, notamment celle d'un officier public ou ministériel[100].

Paragraphe 5. Présence imposée pour la validité de l'acte

75. La loi impose la présence d'un second notaire (ou à défaut de deux témoins instrumentaires ; voir plus loin) pour les testaments authentiques et mystiques, les actes contenant révocation de testament et les procurations données pour révocation de testament. L'article 9 de la loi de ventôse modifiée par la loi du 28 décembre 1966 ajoute que les actes dans lesquels les parties ou l'une d'elles ne sauront ou ne pourront signer seront soumis à la signature d'un second notaire ou de deux témoins. Une interprétation littérale du texte conduisait à estimer qu'il suffit que la signature du second notaire soit apposée sur l'acte après coup ; mais dans une réponse

[97] CA. Aix-en-Provence, 7e ch. Corr., 6 avril 1998 : Juris-Data n° 1998-041445. CA. Bordeaux, ch. Corr., 2 juillet 1998 : Juris-Data n° 1998-048562. V.J.P. KUHN, Le notariat se défend contre les diffamateurs : JCP N 1999, 2042, p. 1515.
[98] complété par L. 25 juin 1973, art.24.
[99] Cass. Com., 16 janvier 1985 : juris-Data n° 1985-000226.
[100] pour l'emploi de l'expression « diplômé notaire » par le dirigeant d'un cabinet de conseils juridiques V. CA. Aix-en-Provence, 5e ch., 9 nov. 1995 : Juris-Data n° 1995- 048606.

ministérielle du 24 mai 1969[101], le garde des Sceaux note que la raison d'être de ces dispositions est de permettre au second notaire, ou aux deux témoins, de constater personnellement que la personne qui ne sait ou ne peut signer a bien consenti à l'acte. Malgré une jurisprudence incertaine, il paraît nécessaire que le second notaire (ou les témoins à la signature afin de constater la réalité du consentement donné[102], doit être présent pendant la rédaction et la dictée de ces actes.

76. Deuxième notaire appelé par l'une des parties. Dans ce cas, il coopère effectivement à la rédaction et à la réception de l'acte. On dit que le notaire est en concours avec son confrère. Il ne peut y avoir plus de deux notaires en concours. L'acte peut être reçu simplement en présence du notaire en second. Celui-ci a les mêmes devoir et responsabilité pour le contrôle de l'acte que le notaire en premier et a droit au partage des émoluments dans les proportions fixées par les règlements[103].

Section 3. Témoins

Paragraphe 1. Témoins instrumentaires

77. Ils peuvent remplacer le second notaire dans les cas prévus ci-dessus. Tout témoin instrumentaire dans un acte notarié doit être majeur ou émancipé et avoir la jouissance de ses droits civils (la qualité de Congolais n'est plus nécessaire). Le mari et la femme ne peuvent être témoins dans le même acte[104]. Ne peuvent non plus être témoins les parents et alliés soit du notaire, soit de l'associé du notaire, soit des parties contractantes au degré prohibé, c'est-à-dire en ligne directe à tous les degrés, et en ligne collatérale jusqu'au degré d'oncle et neveu inclusivement. L'acte doit contenir les nom, prénoms, qualité et demeure des témoins. L'incapacité d'un témoin entraine la nullité de l'acte sauf s'il s'agit d'une erreur résultant d'une possession

---

[101] JOAN, 19 juillet 1969.

[102] En ce qui concerne les testaments authentiques et mystiques, le second notaire (ou les témoins) Cass ; 1er civ., 12 mai 1987 : JCP N 1987 ; II, 309, note J.F. PILLEBOUT ; Defrénois 1987, art. 34147, note VION.

[103] Règl.nat, 24 déc. 1979 : Recueil de textes intéressant le notariat, Éditions du Juris-Classeur.

[104] D. n° 71-941, 26 nov. 1971, art. 4.

d'état publique et non équivoque[105]. Depuis la réforme du 3 décembre 2001, la notoriété successorale ne comporte plus l'intervention de témoins. La dévolution fait l'objet d'une déclaration par les héritiers eux-mêmes, avec éventuellement la confirmation d'un tiers ayant connu le défunt[106].

Paragraphe 2. Témoins certificateurs

78. Auparavant, quand le notaire ne connaissait pas les parties à l'acte, il devait exiger que leur nom, état et demeure soient attestés par des personnes connues de lui[107]. Désormais, l'identité, l'état et le domicile des parties, s'ils ne sont pas connus du notaire, sont établis par la production de tous documents justificatifs (carte d'identité, passeport, complétés par quittance de loyer). Le notaire peut cependant recourir à deux témoins, mais seulement exceptionnellement en cas d'impossibilité de production d'un document justificatif ; dans ce cas, les témoins doivent remplir les conditions indiquées et connaître les parties.

Section 4. Indisponibilité ou décès du notaire

79. Il convient d'envisager différentes hypothèses où le notaire, qui doit personnellement instrumenter, en est empêché soit par des mesures disciplinaires, soit par son décès en cours d'exercice. On fait appel alors à d'autres personnes qui sont, elles aussi, sujets de droit notarial.

Paragraphe 1. Substitution

80. C'est le remplacement momentané d'un notaire par un de ses confrères pour la réception d'un acte ou la délivrance d'une expédition ou copie authentique. Le notaire qui remplace momentanément son confrère s'appelle *notaire substituant*. Cette pratique n'était prévue par aucun texte. Elle a été légalisée par la loi n° 73-546 du 25 juin 1973 et sommairement réglementée par le décret n° 73-1202 du 28 décembre 1973 et le règlement national du 24 décembre 1979. La substitution peut avoir lieu pour toutes sortes d'actes sauf pour ceux pour lesquels le notaire qui désirait se faire substituer aurait

---

[105] V.J.-CL. Notarial Formulaire, V. Acte notarié.
[106] C. civ, art. 730 à 730-5, réd. L. n° 2201-1135, 3 déc. 2001.
[107] L. ventôse, art. 11, remplacé par D. n° 71-941, 26 nov. 1971, art.5.

reçu par un autre notaire disponible si le testateur y consent. On ne peut non plus délivrer une copie exécutoire par substitution. Les actes reçus par substitution doivent figurer au répertoire des notaires substituant et substitué. La minute reste dans l'office du notaire substitué[108]. Le procureur de la République doit être informé si l'absence du notaire substitué dure plus de quinze jours[109].

Paragraphe 2. Suppléance

81. La suppléance est la gestion de l'office pendant une certaine période, généralement par un autre officier public, alors que le titulaire est décédé ou dans l'impossibilité de le gérer. C'est l'article 5 du décret du 20 mai 1955 qui indique qu'il y a lieu à désignation d'un suppléant lorsque l'office est vacant (décès, démission pure et simple ou d'office pour abandon de résidence) ou en cas de force majeure (maladie grave, blessure ou infirmité, service militaire ou civil). Le décret n° 56-221 du 29 février 1956 règlemente la suppléance. Le suppléant est nommé par le tribunal de grande instance sur requête soit du procureur de la République, soit du titulaire ou de ses ayants droit. La décision est susceptible d'appel[110]. Éventuellement l'appel peut être interjeté par le notaire suppléé s'il prétend être apte à assurer ses fonctions[111]. Le suppléant peut être ou un notaire en exercice soit à titre individuel, soit associé, ou une société titulaire d'un office public ou un ancien notaire, qu'il ait exercé à titre individuel ou en qualité d'associé, ou encore un clerc ou ancien clerc de notaire répondant aux conditions d'aptitude exigées pour être nommé notaire. Le clerc nommé suppléant conserve sa qualité de salarié[112]. La durée de la suppléance est en principe de un an ; elle peut être renouvelée pour un an. Le suppléant assure sous sa responsabilité la gestion de l'office dès sa désignation ou sa prestation de serment (s'il n'est pas en exercice) ; il utilise son propre sceau. Les limites de deux tiers pour l'une ou l'autre d'entre elles[113]. Éventuellement, le Conseil supérieur du notariat, le conseil régional ou la chambre peut allouer au suppléant une rémunération complémentaire.

[108] Règl. Nat., 24 déc. 1979, art. 30.
[109] D. n° 73-1202, 28 déc. 1973, art. 46.
[110] Cass. 2e civ., 4 déc. 1974 : Juris-Data n° 099322 ; D. 1975.
[111] CA. Nîmes, 1er ch., 27 janv. 1982 : Juris-Data n° 600057.
[112] D. 29 février 1956, art. 2, dernier al.
[113] D. 29 février 1956, art. 9.

Paragraphe 3. Administration

82. En cas de destitution, d'interdiction temporaire ou de suspension provisoire, le jugement prononçant la sanction commet un administrateur et remplace dans les fonctions l'officier public suspendu, interdit ou destitué[114]. L'administrateur est choisi parmi les personnes indiquées ci-dessus en matière de suppléance[115]. L'administrateur perçoit à son profit les émoluments relatifs aux actes de l'étude et paie, à concurrence des produits de l'étude, les charges afférentes au fonctionnement de cette étude ; en cas d'insuffisance, ces dépenses sont prises en charge par les organismes professionnels. Le président du tribunal peut décider la fermeture de l'étude déficitaire et l'administrateur peut recevoir une rémunération supplémentaire versée par un des organismes statutaires.

Section 5. L'acte notarié instrument de preuve

83. Il s'agit dans la présente section de l'objet du droit notarial proprement dit, c'est-à-dire de l'activité du notaire. Celle-ci consiste essentiellement dans la rédaction de l'acte notarié, mais ce n'est pas la seule mission du notaire, et, dans la section 4 du présent chapitre, seront étudiées les autres missions du notaire, en particulier celles de conseil des parties.

---

[114] Ord. 28 juin 1945, art. 20 et 33, mod. L. 28 juin 1973.

[115] D. n° 73-1202, 28 déc. 1973, art. 21.

DEUXIEME PARTIE

DÉONTOLOGIE NOTARIALE

84. Sujet de droit, les notaires, qu'ils exercent individuellement, en société ou en qualité de salariés, sont soumis à des devoirs et obligations. C'est l'ensemble de ces devoirs et obligations que l'on étudiera dans cette partie dont le titre vient de deux mots grecs : Deontos, ce qu'il faut faire, logos, science ou étude. Les notaires, en raison de leur ministère, assument des obligations : à l'égard de leurs clients, envers leurs confrères, en tant que notaires. Les rapports entre le notaire et ses confrères et entre le notaire et sa clientèle seront plus spécialement déterminants pour l'image de la profession. On retiendra surtout ici les obligations et interdictions faites au notaire en raison de sa qualité d'officier public, et les conditions d'exercice de son ministère (chapitre1). Nous examinerons ensuite les règles particulières de responsabilité pénale qui peuvent s'appliquer au notaire (chapitre 2), puis la responsabilité disciplinaire (chapitre 3). L'étude de la responsabilité civile que peut aussi entrainer l'activité notariale sera faite ultérieurement. (chapitre 4).

CHAPITRE 1

LES OBLIGATIONS DU NOTAIRE

Section 1. Obligations positives

85. Le notaire est soumis à de nombreuses obligations qui concernent la forme des actes et des rapports qu'il doit avoir avec ses confrères ou avec la clientèle. En qualité d'officier public, il est en outre tenu d'une obligation générale dont le contenu est difficile à définir et qui dépend pour une large part des usages. L'article 2 du règlement national définit ainsi le devoir du notaire : « Chaque notaire, par son comportement, doit s'attacher à donner la meilleure image de sa profession ».

On peut tirer de ce principe quelques prescriptions qui restent très générales. Le notaire doit faire preuve de dignité, de discrétion et de délicatesse dans ses rapports avec ses confrères. Il doit aussi avoir, dans sa vie privée, un comportement à l'abri de toute critique. Pour exercer correctement ses fonctions, le notaire est également tenu de parfaire ses connaissances et de les mettre à jour. L'article 2 du règlement national le rappelle en ces termes : « Il a le devoir d'entretenir et de renouveler ses connaissances et se tenir informé de l'évolution du droit, de l'économie et de la société. Il participe aux actions collectives de formation permanente. » Lors des inspections de comptabilité, les notaires doivent justifier de la participation à des séances de formation. Le notaire doit aussi contribuer à la formation des notaires stagiaires et aux enseignements dispensés dans les centres de formation professionnelle et les écoles de notariat[116]. Enfin, le notaire « élu

[116] Règl., nat., art. 15, réd. A. 24 déc. 1993.

ou désigné pour assumer une fonction ou pour accomplir une mission... doit consacrer à ces fonctions et missions tout le temps nécessaire au bénéfice de la profession tout entière »[117]. Le notaire est tenu de procéder, le cas échéant, à la déclaration de soupçon de blanchiment d'argent[118].

Section 2. Interdictions faites aux notaires

86. A la différence de l'obligation générale qui pèse sur les notaires, les interdictions et prohibitions sont précises et résultent de textes nombreux. Outre les incompatibilités avec certaines fonctions, le notaire doit s'abstenir d'exercer des activités ou de s'immiscer dans les opérations présentant un danger pour lui-même et pour ses clients. La connaissance parfaite de ces règles s'impose à tout notaire car les infractions sont sanctionnées sévèrement.

Paragraphe 1. Incompatibilités

87. D'après l'article 7 de la loi de ventôse : « Les fonctions de notaire sont incompatibles avec celles de juges, commissaires du gouvernement près les tribunaux, leurs substituts, greffiers, avoués, huissiers, préposés à la recette des contributions directes et indirectes, juges, greffiers et huissiers de justice, commissaires de police et commissaires aux ventes. ». Cette énumération n'est pas exhaustive et certaines fonctions comme celles d'administrateurs liquidateurs sont elles-mêmes incompatibles avec l'exercice d'autres professions. Par ailleurs, certaines activités sont interdites au notaire comme nous le verrons plus loin.

En revanche, il est permis aux notaires de briguer ou d'accepter des fonctions électives : municipales, conseil général, députation, Sénat. Un notaire peut être membre du gouvernement, membre d'un conseil de direction d'une caisse d'épargne, d'une commission administrative des hospices, professeur dans une école de droit ou enseignant d'université,

---

[117] Règl. nat. 2, dernier al.

[118] C. monét. Fin., art. L. 562-1. Y. GAUTIER, Espace de liberté, de liberté, de sécurité et de justice. Lutte contre la criminalité : Europe 2002, n° 2, comm. n° 50, p. 19.

séquestre, tuteur, propriétaire exploitant agricole, à condition qu'il s'agisse d'une activité accessoire.

Paragraphe 2. Conjoint du notaire

88. Les incompatibilités qui viennent d'être énoncées et les prohibitions indiquées ci-après ne s'appliquent pas au conjoint du notaire à condition qu'il ne soit pas personne interposée. Ainsi il n'est pas interdit au conjoint du notaire d'être fonctionnaire ou magistrat. Il n'existe pas de prohibition générale et absolue pour le conjoint du notaire d'exercer personnellement une activité commerciale. Mais la situation ne doit pas être de nature à compromettre la dignité ou l'indépendance du notaire. Il ne faut pas non plus que la responsabilité de celui-ci puisse être engagée en raison de son régime matrimonial[119]. Cela conduit à déconseiller le régime de communauté aux notaires ou aux candidats à la profession. Le régime de la séparation de biens ou de la participation aux acquêts paraît préférable[120].

Paragraphe 3. Activités interdites

89. D'une façon générale, toute activité commerciale est interdite au notaire en raison des risques que cela peut entraîner. L'article 13 du décret du 19 décembre 1945 dispose, entre autres prohibitions, que le notaire ne peut directement ou indirectement :

- se livrer à aucune spéculation de bourse ou opération de commerce, banque, escompte et courtage ;
- s'immiscer dans l'administration d'aucune société ou entreprise de commerce ou d'industrie, sauf sociétés d'exercice libéral dont pourtant la forme est commerciale ;
- faire des spéculations relatives à l'acquisition et à la revente des immeubles, à la cession des créances, droits successifs, actions industrielles et autres droits incorporels. Malgré l'interdiction de s'immiscer dans l'administration d'aucune société commerciale, le notaire peut, depuis le décret de 1986, être administrateur ou membre du directoire d'une société

[119] Circ. 15 juillet 1948.

[120] pour les clauses permettant de protéger l'outil en cas de divorce, voir J. Cl. Notariat Formulaire, v. Participation aux acquêts, Fasc. 10.

par actions[121]. Cette règle doit être interprétée restrictivement et un notaire ne peut être président-directeur général d'une société anonyme ayant un objet commercial[122].

Par ailleurs, la prohibition et l'immixtion ne vont pas jusqu'à l'interdiction de percevoir des loyers, les intérêts de prêts faits à l'étude, fermages, de transmettre des ordres de vente ou d'achat de titres à l'occasion du règlement d'une succession (mais un notaire ne peut recevoir mandat de gérer un portefeuille).

L'interdiction faite au notaire de faire des spéculations immobilières est à rapprocher des dispositions de l'article 1597 du Code civil qui lui interdit notamment de devenir cessionnaire des procès, droits et actions qui sont de la compétence du tribunal dans le ressort duquel il exerce ses fonctions. Mais si le notaire ne peut spéculer en bourse, il peut faire des placements boursiers quand il s'agit de son propre patrimoine. Le notaire peut se livrer à titre accessoire à des activités de nature commerciale, comme la négociation immobilière, la gestion d'immeuble. Toutefois, un notaire ne peut légitimement céder séparément une branche d'activité commerciale[123].

Section 3. Règlementation des prêts

90. La pratique des prêts a été à l'origine de graves difficultés rencontrées par certains notaires ayant agi avec légèreté. Elle s'apparente d'ailleurs à l'activité bancaire qui est prohibée[124]. En raison des risques résultant des prêts, le législateur a prévu des règles restrictives qui doivent être strictement respectées. Les articles 13 et 14 du décret du 19 décembre 1945 modifiés par le décret du 20 juillet 1964 et celui du 3 novembre 1967 édictent :

a) un notaire ne peut se constituer garant ou caution, à quelque titre que ce soit, des prêts à la négociation desquels il aurait participé comme aussi de ceux dont les actes seraient dressés par lui ou avec sa participation[125].

---

[121] D. 19 déc. 1945, art. 13-1, ajouté D. n° 86-728, 29 avr. 1986.

[122] Cass. Com., 10 oct. 1995 : Juris-Data n° 1995-002548. Pour le contrôle de fait d'une société commerciale, TGI Paris, 25 février 1998 : Juris- Data n°1998-043606.

[123] Cass. 1er civ. 30 mars 2005 : Juris-Data n° 2005-027801 ; JCP N 2005, n° 51-52, 1495, avis J. Sainte-Rose.

[124] Cass. 1er civ., 30 juin 1987 : JCP N 1988, II, p. 56, obs. J.-F. P.

[125] art. 13, al. 6.

b) il ne peut consentir, avec ses propres deniers, des prêts qui ne seraient pas constatés par acte authentique reçu, bien entendu, par un autre notaire ;
c) le notaire ne peut contracter pour son propre compte aucun emprunt par souscription de billet sous seing privé ;
d) il ne peut employer, même temporairement, les sommes ou valeurs dont il est constitué détenteur à titre quelconque à un usage auquel elles ne seraient pas destinées et notamment en son nom personnel ; il ne peut pas non plus retenir les sommes qui devraient être versées par lui à la caisse des dépôts et consignations ;
e) il est interdit aux notaires de recevoir ou de conserver une somme en vue de son placement par prêt si celui-ci ne doit pas être constaté par acte authentique ;
f) les notaires ne peuvent négocier, rédiger, faire signer des billets ou reconnaissances sous seing privé et s'immiscer de quelque manière que ce soit dans la négociation, l'établissement ou la prorogation de tels billets ou reconnaissances ;
g) les notaires ne peuvent non plus négocier de prêts autres qu'en la forme authentique et qu'assortis d'une sûreté réelle.

Pour que les prêteurs aient une sécurité totale, les notaires ne peuvent négocier de prêts non assortis d'une garantie bancaire, dès lors que le montant dépasse un certain seuil (environ 150.000 Francs CFA).

Section 4. Intérêt personnel

91. Le notaire doit s'abstenir de dresser un acte renfermant des dispositions en faveur ou présentant pour lui un intérêt personnel. Ce n'est pas seulement les avantages gratuits retirés par le notaire qui sont visés. Le notaire doit s'abstenir lorsque, l'acte qu'il reçoit, résulte d'une modification ou d'amélioration de sa propre situation juridique vis-à-vis de l'une des parties.
La question se pose également à propos des personnes morales : Communes, établissements publics, sociétés. Dans une lettre du 15 octobre 1963, adressée au président du Conseil supérieur du notariat, le garde des Sceaux

indique que les dispositions de l'article 432-12 du Code pénal[126] semblent mettre obstacle à ce qu'un notaire exerce son ministère au profit de la commune qu'il administre, car les émoluments reçus par le notaire sont fonction de l'importance du contrat dont il est chargé, en sa qualité de maire, d'assurer la surveillance et l'administration des affaires de la commune. L'intérêt personnel du notaire se trouve alors en opposition avec celui de la commune[127]. On imagine les difficultés que peut soulever la délibération du conseil municipal sur la déclaration d'intention d'aliéner émise par le notaire rédacteur de l'acte et maire de la commune[128]. Pour le maire adjoint ou le conseiller municipal, la question est plus discutable, au moins si le notaire ne participe pas à la délibération du conseil municipal, mais la prudence est vivement conseillée[129]. La délibération du conseil municipal ayant décidé l'acquisition d'un immeuble a été annulée car le maire adjoint, notaire du vendeur, y avait participé[130].

Un notaire associé est soumis aux mêmes interdictions que chacun des membres de la société. Ainsi, l'associé du notaire vice-président d'un organisme HLM est condamné pour complicité d'infraction aux dispositions de l'article L. 423-11 du Code de la construction et de l'habitation[131]. Quant aux sociétés, un notaire ne peut recevoir d'actes pour une société dont il est membre (constitution, augmentation de capital, autres actes de la vie civile des sociétés). Certains pensent cependant que dans une société anonyme, si le notaire est simple actionnaire, il pourra, au cours de la vie sociale, recevoir un acte auquel est intéressée la société. La prudence commande, cependant, de s'en abstenir.

Ces interdictions se trouvent renforcées par les dispositions de l'article 13 du décret du 19 décembre 1945, modifié par le décret du 20 juillet 1964 :

« Il est interdit aux notaires… de s'intéresser dans aucune affaire pour laquelle ils prêtent leur ministère »[132]. Toutefois, cette prohibition ne joue pas en cas de dépôt d'un testament olographe contenant un legs au profit de

---

[126] ancien art. 175.

[127] V. Rép. Min. 23 févr. 1974 : JCP N 1974, IV, 5677. L. *DEJOIE, Le notaire élu local au service de la sécurité juridique et du renouveau contractuel* : JCP N 2001, n°19, p. 852.

[128] TA Nancy, 19 déc. 2000 : Juris-Data n° 2000-138136 ; Contr. urb. 2001, n° 4, Somm. P. CORNEILLE.

[129] Rép. Min. JOAN, 30 mai 1974, p. 229.- 24 avr. 2000, p. 2636.

[130] CE, 5e et 3e ss-sect. Réunies, req. N° 122044, 27 juin 1997 : Juris-Data n° 1997-050894.

[131] Cass.crim., 2 mai 2001 ; Juris-Data n° 2001-009783.

[132] CA Bordeaux, 1er ch, 9 juin 1992 : Juris-Data n° 1992-044952.

parent ou allié du notaire[133]. On peut rapprocher cette prohibition de l'interdiction du prête-nom[134]

Section 5. Parenté et alliance

92. L'article 2 du décret n° 71- 941 du 26 novembre 1971, reprenant les termes de l'article 8 de la loi de ventôse auquel il a été substitué, dispose : « Les notaires ne peuvent recevoir des actes dans lesquels leurs parents ou alliés en ligne directe, à tous les degrés, et en ligne collatérale jusqu'au degré d'oncle ou de neveu inclusivement, sont parties, ou qui contiennent quelques dispositions en leur faveur.» L'interdiction concerne aussi bien la parenté légitime que la parenté naturelle ou adoptive. Le parent au degré le plus proche pour lequel un notaire peut instrumenter est son cousin germain. Quant à l'empêchement tenant à l'alliance, il est limité à l'allié lui-même et non aux parents de l'allié : un notaire pourrait recevoir un acte pour la belle-sœur de sa femme. Pour qu'il y ait prohibition, il faut que le parent ou allié du notaire soit partie à l'acte, c'est-à-dire y stipule ou promette quelque chose ou même comparaisse à l'acte pour le compte d'autrui, comme mandataire par exemple.

La prohibition joue également lorsque l'acte reçu par le notaire contient une disposition en faveur des parents ou alliés du notaire au degré prohibé, notamment un testament contenant un legs en leur faveur. Cette prohibition s'applique aux associés du notaire dont le parent ou l'allié est partie à l'acte[135].

Naturellement, le notaire n'ayant pas respecté la prohibition reste responsable lorsqu'il a failli à son devoir de conseil[136].

93. Interdictions diverses. Sans prétendre être complet, citons encore diverses interdictions comme le fait d'intervenir à un acte par un clerc comme mandataire sans mandat écrit[137] ou de faire de la publicité personnelle[138].

---

[133] Lettre de la Direction des affaires civiles du 17 janvier 1980 ; pour l'hypothèse d'un testament intéressant un clerc de l'étude, Cass. 1er civ, 9 nov. 1993 : Juris-Data n° 1993-002655 ; JCP N 1994, II, p. 111.

[134] D. 19 déc. 1945, art. 13.

[135] D. 26 nov. 1971, art. 2, al. 2.

[136] CA Paris, 20 mai 1994 : Juris-Data n° 1994-022224.

[137] D. 19 déc. 1945, art. 14.

[138] Règl. Nat, art. 13.

CHAPITRE 2

RESPONSABILITE PENALE

94. Le notaire est un citoyen et, comme tel, responsable de ses actes envers la société et soumis comme tous les citoyens à la juridiction pénale de son pays pour les crimes, délits ou contraventions qu'il peut commettre. Cependant, le Code pénal consacre plusieurs articles aux peines encourues par le notaire dans l'exercice de ses fonctions et aggrave les sanctions encourues dans un certain nombre de cas. Il y a élévation d'un degré dans la désignation de la juridiction compétente et dans l'échelle des peines.

Section 1. Le faux et l'abus de confiance.

95. 1° L'article 441-4 du Code pénal punit d'une peine de quinze ans de réclusion criminelle et de 225 000F d'amende les faux en écriture publique commis par un notaire dans l'exercice de ses fonctions.
Il consiste alors en de fausses signatures, dans l'altération des actes, écritures ou signatures, dans le fait d'intercaler des écritures dans les actes ou même dans la superposition de personnes, c'est-à-dire la substitution d'une autre personne à celle qui aurait dû intervenir et ce, en connaissance de cause. Dans le faux intellectuel, qui est également sanctionné, l'altération porte non sur la forme de l'acte, mais sur sa substance ou sur ses circonstances. Le notaire transforme, par exemple en vente, ce qui n'était qu'une affectation hypothécaire, et il écrit des conventions différentes de celles qui ont été passées. Même les omissions volontaires, qui ont pour effet de changer la

nature de l'acte, peuvent être considérées comme des faux[139]. En revanche, l'article 441-4 ne punit que d'une peine de dix ans d'emprisonnement et 150000F d'amende les faux en écriture authentique et publique commis par une autre personne. L'usage de faux par le notaire est puni d'une peine de quinze ans de réclusion criminelle et d'une amende de 225 000F comme le faux lui-même.

2° L'article 432-10 du Code pénal punit de prison le notaire concussionnaire qui a reçu ou exigé ce qui n'était pas dû pour droits d'enregistrement ou contributions. Si le notaire a réclamé pour émoluments une somme supérieure à ce qui lui était dû, il n'est passible que de sanctions disciplinaires[140].

3° L'article 432-15 du Code pénal punit d'une peine de dix ans d'emprisonnement et de 150 000F d'amende la destruction volontaire, la suppression et le détournement de titres par le notaire alors que l'auteur de ces infractions, non-notaire, n'est puni que de trois ans d'emprisonnement et de 45 000F d'amende[141]. Si le notaire dépositaire d'un titre l'a perdu par sa négligence, il peut être puni d'un an d'emprisonnement et de 15 000F d'amende[142].

4° Tout officier public qui, soit ouvertement, soit par actes simulés, soit par interposition de personnes, aura pris ou reçu quelque intérêt que ce soit dans les actes, adjudications, entreprises dont il avait, au temps de l'acte, l'administration, est passible de cinq ans d'emprisonnement et de 75 000F d'amende[143]. Si le notaire est maire d'une commune, ce texte peut s'appliquer à lui en tant que maire et lui interdit donc de recevoir les actes de la commune.

5° Il est bien évident que ce sont l'escroquerie, l'abus de confiance et l'abus de blanc-seing qui sont particulièrement sanctionnés quand ils sont commis par un notaire. Une personne privée, coupable de ces infractions, relève du tribunal correctionnel et encourt deux mois à deux ans de prison et une

---

[139] V. à ce sujet Cass. 30 déc. Crim., 15 juin 1982 : Juris-Data n° 1982-008038. CA. Agen, 29 janvier. 1987, citée par P. BOUZAT, Infractions contre les biens : Rev. sc. Crim.1988, p.91.
[140] p. ex. Cass. 1re civ., 11 février 1958 : JCP N 1958, II, 10653.
[141] C. pén., art. 322-2. Cass. Crim., 13 févr.1985 : Bull. crim. N° 182.
[142] C. pén., art. 432-16.
[143] C. pén., art. 432612.

amende, alors qu'un notaire est justiciable de la cour d'assises et peut être condamné à cinq ou dix ans de réclusion criminelle[144].

96. Un abus de confiance peut résulter d'un détournement de fonds[145]. Pour des prélèvements excessifs par un notaire associé[146], ou de l'établissement d'une fausse procuration[147]. Une escroquerie est constituée par le recours à un prêt fictif[148].
6° Dans l'exercice de la profession notariale, certaines fautes relèvent du tribunal correctionnel comme la complicité en matière de dissimulation, les infractions aux lois sur les lotissements, sur la construction, sur les chèques, etc. En résumé, la qualité même de notaire entraine à l'encontre de ce dernier, lorsqu'il se rend coupable d'une infraction sanctionnée par la loi pénale, une sévérité accrue qui s'explique par sa qualité d'officier public et par les exigences de la sécurité dont il doit être le garant.

---

[144] Pour des cas de destitution, V. Cass. 1re civ., 3 février 1998 : Juris-Data n° 1983-020486. – CA. Versailles, 1re ch. B, 20 mars 1998 : Juris-Data n° 043136.
[145] CA. Aix-en-Provence, 28 janvier 1998 : Juris-Data n° 1998-040364.
[146] Cass. Crim., 19 février 2003 : Dr. Et patrimoine Hebdo, 30 avril 2003. Cass. Crim. 17 nov. 2004 ; Juris-Data n° 2004-026321.
[147] Cass. Crim. 30 sept. 2003 : Site LexisNexis Juris-Classeur.
[148] Douai, 1re ch., 8 mars 1999 ; Juris-Data n° 1999-045215.

CHAPITRE III

RESPONSABILITE DISCIPLINAIRE

Section 1. Les règles de la discipline notariale

97. Surveillance permanente. Les notaires sont sous le contrôle du parquet et de la chambre qui veillent de façon continue à l'exécution correcte de leurs obligations. Les plaintes adressées par les clients soit au procureur de la République, soit au Président de la chambre sont suivies par les services de la chambre. Le notaire concerné est invité à répondre à la demande d'explication du président de chambre dans un délai de quinze jours[149].

98. Sanctions disciplinaires. Le droit disciplinaire, au sens strict du terme, comporte l'étude des infractions aux règles déontologiques et celle des sanctions qui leur sont attachées. Le conseil régional siégeant en chambre de discipline est chargé des sanctions disciplinaires.
L'ordonnance du 28 juin 1945 dispose dans son article 2 : « La loi n'a pas déterminé les faits qui peuvent être de nature à rendre un notaire passible d'une peine disciplinaire. En cette matière, la répression peut atteindre non seulement les infractions au texte précis d'une loi ou d'un règlement mais tous les faits quelle qu'en soit la nature qui apparaissent comme contraires à la dignité et à la correction professionnelles. Le pouvoir d'appréciation le

[149] Circ. N° 61-21, par les inspections de comptabilité.

plus large est laissé en effet aux chambres de notaires et aux tribunaux statuant disciplinairement »[150].

Le choix de la sanction est laissé à l'appréciation des juges du fonds qui tiennent compte de la gravité des faits reprochés[151]. L'action disciplinaire est d'ailleurs indépendante de l'action pénale. Des faits qui ne tombent pas sous le coup d'une sanction pénale peuvent donner lieu à une action disciplinaire[152]. L'indépendance des sanctions pénales et disciplinaires a pour conséquence que leur cumul n'est pas contraire à la Convention européenne des droits de l'homme[153].

Malgré l'absence de définition précise de la faute disciplinaire, le contrôle de la Cour suprême donne une garantie sérieuse aux justiciables. En effet : La justice disciplinaire ne peut rechercher ni punir des faits ou des actes qui n'ayant ni par eux-mêmes ni par les circonstances qui les accompagnent rien de contraire à la probité, à la délicatesse ou à l'honneur, ne sont que l'exercice d'un droit ou d'une faculté légitime[154].

Section 2. Différence avec la responsabilité civile

99. La faute disciplinaire doit être distinguée d'un manquement quelconque aux obligations professionnelles pesant sur le notaire. Toute faute peut entrainer la responsabilité civile du notaire si un dommage en résulte. Une négligence, une erreur n'entrainent pas de sanction disciplinaire sauf si la multiplication des fautes dénote une inaptitude à l'exercice de la profession, ce qui d'ailleurs justifie plutôt une démission d'office qui est une mesure de sûreté et non une sanction disciplinaire. La sanction disciplinaire suppose généralement une faute intentionnelle[155] de l'intéressé et, par là même, a la réputation de la profession[156]. La destitution est prononcée contre un notaire

---

[150] V. aussi Cass. 1re civ., 17 nov. 1924 : D. 1926, 1, 203.

[151] Cass. 1re civ., 27 mars 1998 : Juris-Data n° 002399.

[152] Cass. 1re civ., 23 janvier 1962 : Bull. civ., I, n° 49.

[153] Cass. 1re civ., 3 février 1998 : Juris-Data n° 1998-000246 ; JCP N 1998, n° 2001-008910. Cass. 1re civ., 18 oct. 2005 : Juris-Data n°2005-030300.

[154] Cass ; 1re civ., 17 février 1902 et janvier 1909.

[155] Cass. 1re civ., 14 oct. 1968 : Bull. civ. I.

[156] Pour un acte de malhonnêteté commis au détriment de mineurs, Cass. 1re civ, 25 oct. 1960 : Journ. Not. 1963, p. 150, obs. NERSON.

ayant commis de graves infractions aux règles professionnelles ayant persisté malgré les mises en garde qu'il avait reçues[157].

100. Source du droit disciplinaire. Malgré la définition large de l'infraction disciplinaire de nombreux textes peuvent être invoqués pour constater une attitude contraire aux obligations pesant sur le notaire. Ainsi le droit disciplinaire peut avoir, notamment comme sources écrites :

- le Code civil lui-même ;
- la loi du 25 ventôse an XI ;
- le décret du 19 décembre 1945 ;
- les règlements de chambres et le règlement national du 24 décembre 1979.

Paragraphe 1. Les peines disciplinaires

101. Indépendamment des peines disciplinaires ci-après énumérées, il convient de remarquer que la discipline notariale comporte également un pouvoir *d'admonestation du président de la chambre* à l'égard de ses confrères dont le comportement n'est pas conforme aux principes et aux usages de la profession. Moins grave et moins lourde quant à ses conséquences que les peines disciplinaires, cette manière de procéder suffit la plupart du temps à remettre dans le droit chemin les notaires qui s'en seraient écartés.

Le droit disciplinaire est réglementé par l'ordonnance n°73-1202 du 28 décembre 1973 qui fixe les règles et les modalités d'application. Une circulaire du garde des Sceaux du 21 février 1974 donne aux parquets les instructions nécessaires à la mise en œuvre de ces textes[158].

102. Énumération des peines. Les peines disciplinaires sont fixées par l'article 3 de l'ordonnance du 28 juin 1945, modifié par la loi du 25 juin 1973 :

- le rappel à l'ordre ;
- la censure simple ;
- la censure devant la chambre assemblée ;

---

[157] Cass. 1re civ., 27 mai 1998 : juris-Data n° 002399.

[158] Recueil des textes intéressant le notariat, Éditions LexisNexis Juris-Classeur.

- la défense de récidiver ;
- l'interdiction temporaire ;
- la destitution.

La chambre de discipline du conseil régional ne peut prononcer que les trois premières peines. Seul le tribunal statuant disciplinairement peut prononcer les trois peines les plus graves.

L'interdiction temporaire peut être supérieure à cinq ans car elle est distincte de l'interdiction d'exercer une profession prévue à l'article 131-27 du Code pénal et qui, elle, ne peut dépasser cinq ans[159].

103. Effet des peines. Le rappel à l'ordre et la censure simple sont considérés comme des peines orales exécutées par le fait même du prononcé de la décision qui figure simplement au dossier du contrevenant.

Dans la *censure devant la chambre assemblée*, le notaire condamné est convoqué devant la chambre pour s'entendre réprimander par le président de la chambre. La censure a lieu devant l'assemblée elle-même depuis le décret n° 2004-1304 du 26 novembre 2004[160].

Le notaire interdit temporairement ne peut exercer aucune activité dans son office ou pour le compte de celui-ci pendant la durée de sa peine. Sauf lorsqu'il est associé et que les autres associés peuvent assurer son remplacement.

La destitution est la déchéance de la qualité de notaire. Elle produit les mêmes effets que l'interdiction du point de vue de l'administration et de la prohibition d'exercer, mais ses effets sont définitifs. Lorsqu'il est titulaire d'un office il est alors considéré comme vacant et s'il y est associé, le notaire destitué dispose d'un délai de six mois pour céder ses parts[161].

104. Peines complémentaires. Les peines de rappel à l'ordre, censure simple, censure devant la chambre assemblée, la défense de récidiver, peuvent être accompagnées de la peine complémentaire de l'inéligibilité temporaire, pendant dix ans au plus, aux chambres, organismes et conseils professionnels. L'interdiction temporaire et la destitution

---

159 Cass. 1re civ., 18 oct. 2005, n° 04-15. 125 : Juris-Data n° 2005-030300.
160 D. n° 45-0117, 19 déc. 1945, art. 14- 6 nouveau.
161 D. n° 67-868, 2oct. 1967, art. 32.

entraînent, à titre accessoire, l'inéligibilité définitive aux mêmes organismes ; en outre, les notaires destitués ne peuvent postuler à aucun autre office de notaire. Les peines disciplinaires peuvent être assorties de dommages- intérêts lorsqu'il y a eu constitution de partie civile par la personne lésée par les agissements du notaire. Désormais, le notaire comme tout professionnel libéral relève des procédures collectives[162].
Auparavant, bien que non-commerçant, le notaire pouvait dans certains cas être soumis aux règles des procédures collectives. Il en a été ainsi lorsque le notaire se livrait irrégulièrement à une activité commerciale, par exemple à des opérations bancaires[163].

105. Suspension provisoire. Le notaire qui fait l'objet de poursuites pénales ou disciplinaires peut, si les circonstances le justifient, se voir suspendre provisoirement l'exercice de ses fonctions. Il s'agit d'une mesure préventive qui peut être prononcée à la requête du procureur de la République ou du président de la chambre de discipline agissant au nom de celle-ci. La décision est prise par le tribunal de grande instance statuant en chambre du conseil. Elle peut être prononcée avant toute poursuite, si des inspections ont fait apparaitre des risques pour les dépôts confiés au notaire. Dans ce cas, la suspension peut être prononcée par le juge des référés. Le notaire frappé de suspension provisoire est écarté de la gestion de son étude avec cependant le droit à la moitié des produits.
La suspension provisoire cesse dès que l'action pénale ou disciplinaire est éteinte, et, s'il n'y a pas de poursuites, à l'expiration du délai d'un mois après son prononcé ; elle est susceptible d'appel non suspensif[164].

106. Infraction fiscale. L'article 1750 du Code général des impôts frappe d'une interdiction provisoire d'exercer tout membre d'une profession libérale à l'encontre duquel une plainte a été déposée par l'administration fiscale pour fraude fiscale, dissimulation d'une part sujette à l'impôt ou

---

[162] C. com., art. L. 640-2. réd. L. n° 2005-845 du 26 juillet 2005.
[163] Cass. Com., 2 février 1970 : D. 1970, 430. Pour des prêts sur billet, Cass. 1re civ, 27 mai 1998 : Juris-Data n °1998-002399. Pour des prélèvements excessifs, en liaison avec des pratiques contraires à la déontologie, Cass. 1re civ., 27 mars 2001 : Juris-Data n° 2001-008910.
[164] Ord. 28 juin 1945, art. 32 à 37 ; D. 28 déc. 1973, art. 30 à 38.

complicité d'évasion fiscale. L'interdiction provisoire a les mêmes effets que la suspension et est prononcée par le tribunal.

107. Curatelle. Lorsqu'une inspection ou des vérifications comptables ont révélé de la part du notaire inspecté des irrégularités, des négligences, des imprudences ou un comportement de nature à créer un risque pour la profession, notamment au point de vue de la garantie collective, le conseil d'administration de la Caisse de garantie peut désigner un curateur, généralement un ancien notaire. Ce curateur est chargé de donner à l'intéressé tous avis, conseils, mises en garde, de procéder à tous contrôles et demander que soient prises toutes mesures destinées à assurer la sécurité de la clientèle et des fonds confiés au notaire[165].

Section 3. Le notaire, conseil et conciliateur

108. Le notaire n'est pas seulement tenu d'assurer la régularité formelle des actes qu'il reçoit. Comme l'avait déjà affirmé Réal lors de la présentation du projet ayant abouti à la loi de ventôse : « Les notaires ont également pour mission de renseigner leurs clients sur les conséquences des engagements qu'ils contractent »[166]. Les tribunaux considèrent aussi que le notaire doit veiller à l'efficacité des actes qu'il reçoit. Ainsi, un notaire est responsable du dommage subi par l'acquéreur d'un terrain s'étant révélé inconstructible, faute de l'avoir averti des difficultés pouvant résulter de la caducité d'un permis de construire[167]. Le notaire est tenu du devoir de conseil, même si le client est compétent ou est assisté par un autre professionnel. Le devoir de conseil est donc considéré comme absolu et non plus comme relatif ainsi qu'on l'admettait autrefois. Il s'agit désormais d'une jurisprudence constante[168]. Ainsi, le notaire doit avertir le représentant de la banque des risques d'annulation d'un cautionnement[169] ou l'acquéreur de biens

[165] D. n° 56-220, 29 février 1956, art. 30.
[166] Cass. Civ., 21 juill. 1921 : D. 1925, 1 ? 29. Dans le même sens, dès la fin du XIXe siècle, Rep. 22 janv. 1890 et 6 août 1890 : DP 1890, 1, 195.
[167] Cass. 1re civ., 12 nov. 1987 : Juris-Data n° 1999-001935 ; Defrénois 1999, n° 23, p. 1339, obs. J.L. AUBERT ; JCP N 1989 ; II, 65 ; obs. TH. SANSEAU.
[168] Cass. 1re civ., 12 juill. 2005 : Juris-Data n°2005-029595. – Cass. 1re civ., 13 déc. 2005 : Juris-Data n°2005-031270.
[169] Cass. 1re civ., 29 févr. 2000 : Juris-Data n°2000-000775.

immobiliers, du défaut d'achèvement des travaux[170]. Il doit vérifier que la règlementation d'urbanisme ne s'oppose pas à ce que l'acquéreur a l'intention de faire du bien acquis, alors même que le client est un professionnel de l'immobilier[171]. Il doit veiller à l'équilibre du partage intervenu entre les époux divorcés[172].

Compte tenu de cette jurisprudence, le notaire doit garder trace des conseils qu'il a donnés en faisant signer à son client une *reconnaissance de conseil* donné ou une consultation[173]. Ainsi, le notaire à qui, dans un intérêt public de sécurité juridique, la loi a confié la mission de donner aux parties les moyens d'atteindre le but qu'elles poursuivent, est tenu de fournir un acte valable ne contenant que des conventions permises et produisant les résultats que les parties en attendent.

Paragraphe 1. Conseil

109. Pour ce faire, le notaire doit donner le conseil approprié pour que l'acte soit non seulement valable juridiquement, mais aussi le plus favorable aux parties. Le notaire doit les éclairer sur la nature des conventions qu'elles lui demandent d'authentifier, les leur expliquer, leur en faire connaitre les conséquences prévisibles[174]. Bien souvent, les parties n'ont qu'une conception très schématique de ce qu'elles désirent réaliser, au point de vue fiscal et au point de vue des frais, la solution la plus efficace et la plus économique. Néanmoins, le notaire ne doit pas empêcher les parties de prendre elles-mêmes leur décision, faute de quoi il serait responsable des conséquences de la solution retenue[175].

---

[170] Cass. 1re civ., 18 mars 2003 : Juris-Data n°2003-018508.

[171] CA. Paris, 1re ch. A, 31 janv. 2000 : Juris-Data n° 2000-1038882.

[172] Cass. 1re civ., 4 mars 2003 : Juris-Data n° 2003-0118141.

[173] V. J.-CL. Notarial Formulaire, v. Responsabilité notariale, Fasc. 10.

[174] Pour la vente d'un immeuble grevé de treize inscriptions hypothécaires, Cass. 1re civ., 21 févr. 2006 :Juris-Data n° 2006-032341. – Cass. 1re civ., 7 mars 2006 : Juris-Data n° 2006-032548.

[175] CA. Paris, 24 nov. 1976 : JCP 1977, II, 18769, note DAGOT ; Defrénois 1977, art. 31441-54, obs. J. – L. AUBERT. Ainsi, la cour d'appel de Toulouse rappelle justement que la cliente, après explications données par le notaire, est seule maîtresse de sa décision CA. Toulouse, 17 déc. 1990 : Juris-Data n°1990-049302.

Paragraphe 2. Autres missions du notaire

110. Outre son rôle d'authentificateur et de conseil, le notaire peut assumer d'autres missions qui lui sont confiées, soit par les tribunaux, soit par sa clientèle.

1. Missions données par les tribunaux

111. Indépendamment des partages et adjudications judiciaires, le notaire peut se voir confier par le juge un certain nombre de missions, avant la réforme de l'absent dans les inventaires, comptes, partages et liquidations. Le nouvel article 113 du Code civil prévoit la désignation de tout parent ou allié ou de toute autre personne. En cas d'une procédure de divorce, le juge peut désigner un notaire chargé d'élaborer un projet de liquidation du régime matrimonial et de formation des lots à partager[176]. Un notaire peut encore être curateur ou tuteur aux biens d'un majeur placé sous tutelle d'Etat[177].

2. Missions données par la clientèle

112. Conseil de la clientèle, le notaire est tout naturellement appelé à rendre à sa clientèle des services d'ordre juridique même en dehors de la rédaction d'actes notariés.
C'est ainsi que le notaire peut, à la demande de ses clients, ou bien rechercher des capitaux ou au contraire placer les fonds de ses clients. Il convient de rappeler que cette activité est sévèrement règlementée (interdiction de prêts sur billets sous seing privé, interdiction de recevoir des capitaux sans interdiction précise pour des placements qui seraient faits au gré du notaire, interdiction de négocier des prêts non assortis de garanties réelles des prêts usuraires dans les termes de la loi du 28 décembre 1966.
Le notaire peut faire appel à l'Union notariale financière[178] qui met en rapport les notaires de prêteurs et d'emprunteurs. Cet organisme donne aussi des conseils en matière de placement et de gestion de patrimoine.

---

[176] C. civ., art. 255, réd. L. n° 2004-439, 26 mai 2004. V. aussi, A. D. Amboulou, Le divorce et la séparation de corps en droit congolais. L'Harmattan, 2011.
[177] D. n° 74-930, 6 nov. 1974, art.7.
[178] UNOFI, 7 et 7 bis, rue Galvani, 75O17 Paris.

Le notaire peut négocier la vente d'immeubles et fonds de commerce de ses clients. Il doit respecter les règles de déontologie et particulièrement celles qui ont été précisées dans une annexe au règlement national[179]. Il doit faire signer un mandat écrit précisant le mode de calcul de l'émolument. Les notaires peuvent se grouper pour mettre en commun divers moyens dans le but d'assurer un service plus efficace. Le groupement ne peut être en contact direct avec la clientèle. La publicité sur les biens à vendre doit respecter les règles de l'article 27 du règlement national. Dans la mesure où ces règles sont respectées, le notaire ne peut être suspecté d'actes de concurrence déloyale ou illicite envers les professionnels de l'immobilier[180].
Si le notaire peut exercer accessoirement une activité de nature commerciale, comme la gestion immobilière, il ne peut légitimement céder cette branche[181]. Le notaire peut également, à la demande de ses clients, intervenir pour la mise au point et la préparation d'opérations intéressant des sociétés (constitution, traité de fusion, etc.).
A l'occasion du règlement des successions, bien qu'il ne s'agisse pas d'un acte proprement dit, le notaire rédige la déclaration de succession et sert d'intermédiaire pour le paiement des droits de mutation par décès. Il rédige même parfois les déclarations d'impôt sur le revenu de sa clientèle et les déclarations patrimoniales nécessaires au paiement de l'impôt sur la fortune.
En résumé, le notaire, particulièrement en milieu rural, assure le service juridique complet de sa clientèle, sauf bien entendu la postulation et la plaidoirie.

3. Droit à réparation du préjudice subi par la faute du notaire

Ces questions de responsabilité civile et de la garantie collective professionnelle des notaires feront, en raison de leur importance, l'objet du chapitre 4.

---

[179] A. 27 mai 1982.
[180] Cass. 1re civ., 27 mai 2003 : Juris-Data n°2003-019322.
[181] Cass. 1re civ., 30 mars 2005 : Juris-Data n° 2005- 027801 ; JCP N 2005, n° 51-52, 1495, avis J. Sainte-Rose.

Paragraphe 3. Droits et obligations du notaire

1. Ministère obligatoire

113. L'article 3 de la loi du 25 ventôse an XI édicte :
« Les notaires sont tenus de prêter leur ministère lorsqu'ils en sont requis. »
Cette règle, qui ne permet pas au notaire de se dérober, cède devant les empêchements prohibitifs déjà signalés : parenté, alliance, caractère illicite de l'acte demandé (pacte sur succession future, substitution prohibée, société léonine, contre-lettre en matière de fraude fiscale, acte contraire à l'ordre public et aux bonnes mœurs), incapacité juridique ou état d'ivresse d'une partie. D'autres empêchements sont simplement facultatifs, comme l'observation du repos dominical ou non-consignation préalable des frais.

2. Devoir de conseil

114. Le notaire n'est pas un simple rédacteur d'actes. Il a le devoir d'éclairer les parties, de vérifier si leurs intérêts sont sauvegardés, de les instruire de leurs droits et de leurs obligations respectifs, de leur exposer les chances et les périls auxquels elles s'exposent, de leur indiquer enfin les précautions que la loi met à leur disposition pour garantir l'exécution de leur volonté[182].
Ce rôle de conseil est une des caractéristiques essentielles du notariat.
Mais un certain nombre de qualités sont exigées du notaire pour remplir ce rôle. La loyauté, bien sûr : le notaire ne doit rien cacher à son client, aussi bien les éléments favorables que ceux défavorables ; mais aussi le désintéressement. Ce désintéressement ne signifie pas la gratuité de service mais, ainsi que le rappelle l'article 5 du règlement national : « L'intérêt du client prime toujours le sien ».
C'est ainsi que la défense fiscale de son client est un devoir pour le notaire qui devra conseiller la solution la plus économique, pourvu qu'elle soit licite, même si elle est moins rémunératrice pour le notaire. Le notaire devra aussi s'abstenir d'établir des actes qui ne sont pas absolument indispensables et dont les frais sont dits frustratoires. Le notaire ne doit pas conseiller de

[182] J. CL. Notarial Formulaires, v. Responsabilité notariale.

dispositions de dernière volonté inutiles dans le seul but de recevoir des honoraires proportionnels d'ouverture.

3. Compétence technique.

115. Une autre qualité essentielle est exigée du notaire : la compétence technique et intellectuelle. Le notaire doit être dynamique dans ses conseils. S'il veut pouvoir conseiller utilement, il doit être au courant de la législation, non seulement celle apprise au cours de ses études dans les universités, les écoles de notariat, au cours des stages de formation, mais de la législation la plus récente qui évolue avec une grande rapidité et aussi de la jurisprudence qui est de plus en plus exigeante. L'exercice de la profession exige une mise à jour continuelle des connaissances du notaire. Les points de droit doivent être vérifiés. Les notaires ne doivent pas hésiter à s'entourer de tous renseignements, notamment de ceux que peuvent lui fournir les centres de recherche, d'information et de documentation notariale (CRIDON) qui couvrent le territoire français et sont établis à Paris, Lyon, Bordeaux-Toulouse, Nantes, Lille.
Le règlement national dispose que chaque notaire a le devoir d'entretenir et de renouveler ses connaissances[183]. L'accomplissement de cette obligation est vérifié lors des inspections des offices.

4. Intégrité morale.

116. Dynamisme n'exclut pas prudence dans le conseil, car ce conseil doit être donné non seulement eu égard aux circonstances présentes, mais également en fonction de ce qui pourra se produire à l'avenir. En somme, par ses conseils, le notaire doit assurer la sécurité juridique de sa clientèle.
N'est-ce pas le pape Pie XII qui, en 1958, s'adressant aux notaires réunis à Rome pour le IVe congrès du Notariat latin, disait : « Le prestige et l'autorité qui s'attachent à l'exercice d'une profession libérale supposent chez l'intéressé la présence de deux conditions : une compétence technique reconnue et une intégrité morale indiscutable. Ces qualités, le notaire devra

---

[183] A. 24 déc. 1979 ; art. 2.

les posséder surtout au moment où il devient l'intermédiaire officiel entre le particulier qui recourt à ses services et l'ordre juridique dont il se fait l'interprète. Il serait inexact de concevoir la fonction notariale comme une simple tâche de rédaction des documents qui présentent, sous une forme authentique, l'expression des déclarations des parties. N'arrive-t-il pas fréquemment que les parties se présentent chez le notaire sans avoir une notion claire et ferme de ce qu'elles désirent, des motifs qui les poussent, des formes que leur acte doit revêtir pour être en accord avec la loi, des conséquences qui en découleront. Le notaire s'efforcera donc de mettre en lumière tous ces éléments et relèvera ce qui, dans les désirs exprimés par les parties, ne coïncide pas avec les dispositions légales ou même les principes de la justice et de l'équité. »

Section 4. Secret professionnel

Paragraphe 1. Nature et fondement du secret professionnel

117. Le secret professionnel est un devoir fondamental du notaire. Il justifie la confiance que les clients lui font et en est, en même temps, la condition. Le nouveau Code pénal, dans l'article 226-13, reprenant de façon plus abstraite les dispositions de l'ancien article 378, édicte : « La révélation d'une information à caractère secret par une personne qui en est dépositaire soit par état ou par profession, soit en raison d'une fonction ou d'une mission temporaire, est punie d'un an d'emprisonnement et de 15 000F d'amende. » Bien que les notaires ne soient pas expressément nommés parmi les personnes tenues au secret professionnel, il est unanimement admis qu'ils sont concernés par l'article 226-13 et personne ne discute plus le principe du secret absolu pour les notaires, c'est-à-dire opposable à la justice elle-même. C'est ce qu'affirme l'article 7 du règlement national : « Confident nécessaire de ses clients, le notaire est tenu au secret professionnel dans les conditions de l'article 378 du Code pénal[184]. Le secret couvre tout ce qui est venu à la connaissance du notaire dans l'exercice de sa profession. Le notaire doit veiller à ce que tous ses collaborateurs soient instruits de cette obligation qui est aussi la leur, et la respectent. » Indépendamment des sanctions pénales et

[184] Actuel art. 226-13.

disciplinaires, un notaire qui aurait violé le secret professionnel pourrait se voir assigner en dommages-intérêts pour la révélation de déclarations faites lors des pourparlers d'une affaire n'ayant pas abouti[185].

118. Fondement. Quel est le fondement du secret professionnel ? Il est double. Il est indispensable que ceux qui s'adressent à celui qu'on nomme d'ordinaire un confident nécessaire soient assurés que leur secret sera gardé, cela afin que le confident qui doit être complètement renseigné puisse remplir convenablement sa mission, mais que la divulgation de ce secret confié par le client ne puisse être utilisée contre lui. A côté de l'intérêt privé, le secret professionnel est fondé sur l'intérêt général. Il faut que tous les citoyens soient persuadés que les confidents nécessaires ne trahiront jamais le secret à eux confié. Toute atteinte, qu'elle soit plus ou moins motivée, à cette institution perd toute son efficacité[186].

Paragraphe 2. Confidences garanties par le secret professionnel

119. Seules les confidences reçues par le notaire en cette qualité sont garanties par le secret professionnel. Un notaire, qui aurait appris certaines circonstances d'une façon indépendante de l'exercice de sa profession, ne serait pas tenu de les garder secrètes.

Bien entendu, si une information a «été donnée par une partie en vue d'être transmise à l'autre partie par le notaire il n'y a pas violation du secret, mais dans une affaire ou un notaire avait été chargé de trouver un prêteur, la jurisprudence a jugé qu'il avait violé le secret professionnel en communiquant la liste des garanties offertes à d'autres personnes déjà créancières de son client et susceptibles de faire le prêt, mais qui, en réalité, en profitèrent pour prendre des garanties et pratiquer une saisie-arrêt[187].

Des problèmes très délicats peuvent se poser : on admet qu'un notaire ne viole pas le secret professionnel s'il révèle à une partie certains éléments parvenus à la connaissance de cet officier public comme, par exemple,

---

185 Cass. 1re civ., 18 juin 1985 : Juris-Data n° 1985-701803 ; Defrénois 1985, p. 14441, obs. J.L. AUBERT.

186 E.S. DE LA MARNIERRE, *Le secret professionnel : Journ. not.* 1986, art. 5849. JEAN DE LA BATIE, *Le secret professionnel* : Defrénois 1995, art. 36207. Note de jurisprudence, TGI Marseille, 11 déc. 1998 : Defrénois 2000, n° 6, p. 375.

187 CA Orléans, 25 mai 1939 : DH 1939, 397.

l'existence de servitudes d'urbanisme ou d'hypothèques grevant un immeuble vendu, éléments que l'autre partie voulait cacher[188].
Sans doute, la Cour de cassation, dans un arrêt du 6 juin 1899[189], a-t-elle décidé que le notaire ne peut violer le secret pour satisfaire à son devoir de conseil vis-à-vis de ses autres clients. Il ne peut, par exemple, communiquer à la partie adverse la copie d'un compromis de vente découvert lors de l'accomplissement de sa mission[190]. La jurisprudence admet cependant que le notaire peut révéler à ses autres clients les informations que ceux-ci auraient pu se procurer au moyen d'actes soumis à la publicité foncière[191].

120. Le secret professionnel oblige aussi bien le notaire que ses successeurs et ses collaborateurs. Le secret s'applique tout d'abord aux confidences faites par les clients, mais aussi à tous les pourparlers qui ont précédé la signature[192]. L'endroit où les documents examinés ont été écrits, que ce soit l'étude ou un autre lieu, importe peu.
Un notaire peut-il témoigner de l'état mental de l'une des parties à un acte ? La Cour de cassation a opéré la distinction entre le fait matériel et le fait connu par profession, en décidant que le premier pouvait être divulgué, et que l'état mental d'une des parties est un fait matériel qui pouvait être révélé[193]. Plus généralement, lorsqu'il s'agit de la protection des majeurs, le secret professionnel cède le pas devant l'obligation d'informer le juge des tutelles[194].

---

[188] Cass. 11mai 1891 : Journ. Not 24865, p. 396.
[189] D. 1900, 1re
[190] Cass. Crim., 2 mars 2004 : Site LexisNexis Juris-Classeur.
[191] Cass., 22 janv. 1890 : S. 1890, 1, 460. v. aussi Cass. 1re civ., 9 déc. 1974 : *Bull.civ.* I, n°334 ; Journ. Not. 5 mai 1976, art. 52991, note de POULPIQUET. Sur le devoir de conseil envers l'acquéreur alors que le vendeur est en difficulté financière : Cass. 2e civ., 16 nov. 1971 : Defrénois 1972, I, 557, obs. J.L. AUBERT.
[192] Cass. 1re civ., 18 juin 1985, préc.
[193] Cass. Crim., 13 mars 1956 : D. 1956, 351.
[194] Cass. 1re civ., 25 mai 1992 : Juris-Data n° 1992-014431 ; Defrénois 1992, art. 35395-130 ; p. 1445 ; obs. J. MASSIP. Pour le secret médical, Cass. 1re civ., 22 mai 2002 : Juris-Data n° 2002-014431 ; Defrénois 2002, n° 22, art. 37624-91, p. 1477, obs. J. MASSIP.

Paragraphe 3. Limites du secret professionnel

121. Ordre de la loi. Le secret professionnel doit céder dans certains cas. Ainsi, l'article 100, alinéa 2, du Code général des impôts édicte que les officiers publics et ministériels doivent, à toute réquisition de l'inspecteur des impôts, présenter leurs livres, registres, pièces de recettes, de dépenses ou de comptabilité à l'appui des énonciations de leurs déclarations. Ils ne peuvent opposer le secret professionnel aux demandes d'éclaircissements, de justification ou de communication de documents concernant les indications de leur livre-journal ou de leur comptabilité. Le notaire doit déclarer au fisc, à l'occasion d'un décès, les sommes et valeurs qui sont déposées en son étude au nom de son client décédé. Le notaire doit communiquer aux agents de l'enregistrement les minutes des actes établis par lui, non seulement à l'occasion de l'enregistrement de ces actes, mais aussi lors des vérifications opérées par les inspecteurs de cette administration qui peuvent même exiger que les actes leur soient confiés en dehors de l'étude pendant un délai de vingt-quatre heures.

Lors d'une inspection de comptabilité, la remise volontaire de certains documents par l'administrateur de l'office ou par le président de la chambre régionale des notaires ne peut s'analyser comme étant une perquisition. Cette manière de procéder assurait au surplus le strict respect de la confidentialité sur les vérifications opérées par les inspecteurs[195]. Le secret professionnel ne s'oppose pas à ce qu'un président de chambre des notaires transmette des informations à l'autorité de tutelle car il en est tenu, quelles qu'aient été les conditions dans lesquelles il en a eu connaissance, conformément aux dispositions de l'article 138 à 141 et 770 du Nouveau Code de procédure civile qui établissent une procédure permettant à des personnes autres que les parties à l'acte d'avoir connaissance d'actes ou de documents auxquels elles ne sont pas intervenues. En principe, le notaire ne peut révéler l'identité des héritiers à un créancier[196]. Mais le juge des référés peut, à la demande d'un créancier, ordonner la levée du secret professionnel d'un notaire afin qu'il communique l'identité des héritiers du débiteur et des informations sur la

---

[195] Cass. Crim, 21 sept. 2005 : Juris-Data n° 2005-030487.
[196] TGI Marseille, 11 déc. 1998 : Defrénois 2000, n° 6, p ; 375, note ROUZET.

succession[197]. Le juge des référés est également compétent pour ordonner à un notaire de remettre à l'administrateur judiciaire nommé dans le cadre du règlement d'une succession les pièces et les fonds en sa possession, sans que le notaire puisse opposer le secret professionnel[198].
Lorsqu'elle était applicable, la procédure de *saisie-arrêt*, qui prévoyait que le tiers détenteur doit déclarer les sommes qu'il détient pour le compte du débiteur[199], posait certains problèmes en raison du secret professionnel. La jurisprudence[200] a admis l'obligation pour le notaire de faire la déclaration qui lui est demandée par l'huissier de justice.

122. La jurisprudence applique le même principe en cas de *saisie-attribution* introduite par la réforme des procédures civiles d'exécution[201]. Mais à défaut *d'injonction judiciaire*, le notaire ne peut révéler à un huissier de justice l'adresse de son client lors d'une procédure de saisie[202]. La lutte contre le blanchiment entraine des entorses au secret professionnel en imposant, dans certains cas, une *déclaration de soupçon*[203].

123. Acte soumis à publicité. S'il est interdit aux notaires de donner connaissance des actes à d'autres qu'aux personnes intéressées en nom direct, héritiers ou ayants droit, l'article 23 de la loi de ventôse[204] prévoit que cette interdiction ne fait pas obstacle à l'exécution des lois et règlements relatifs aux actes soumis à publicité.

124. Missions. Le secret professionnel ne joue pas si un notaire agit en vertu d'une mission qui lui est donnée par l'autorité. Un notaire commis pour procéder à une liquidation judiciaire peut révéler au procureur de la

---

[197] TGI Meaux, 29 janv. 2003 : Juris-Data n°2003-210046 ; JCP N 2003, n° 18-19, 1302, note J.P. KUHN.
[198] CA Paris, 2e ch. A ; 26 févr. 2003 : Juris-Data n°2003-213837.
[199] CPC, art. 559.
[200] CA Aix-en-Provence, 4 mars 1958 et sur pourvoi, Cass. 1re civ., 10 nov. 1959.
[201] L. n° 91-650, 9 juill. 1991, art., 42, 44. D. n° 92-755, 31 juill. 1992, art. 59 et 60. Cass. 2e civ., 28 janv. 1998 : Juris-Data n° 1999- 100437. R. PERROT et PH. THERY, S*aisie-attribution. La saisie du tiers saisi* :D. 2001, n° 9, p. 714.
[202] Cass. 2e civ., 13 oct. 2005 : Juris-Data n° 2005-030256.
[203] C. monét. Fin., art. L. 562-1.Y. Gautier, *Espace de liberté, de sécurité et de justice. Lutte contre la criminalité : Europe* 2002, m° 2, comm. 50, p. 19.
[204] Réd. L. 25juin 1973.

République les raisons pour lesquelles il lui a été impossible de mener sa mission à bien. Si le notaire est nommé en qualité d'expert, il peut révéler ce qu'il a découvert dans l'accomplissement de cette mission.

125. Défense du notaire. Un notaire peut révéler une confidence couverte par le secret si la révélation de celle-ci s'avère nécessaire pour sa propre défense. C'est ainsi qu'il peut révéler que lors de l'établissement d'un acte, il a fortement déconseillé de la faire, étant donné les conséquences désastreuses que cet acte pouvait avoir et qui se sont produites par la suite.

Paragraphe 4. Conflit du secret et de l'obligation de témoigner en justice

126. Un notaire doit éviter de se trouver dans la position difficile de témoin. S'il est cité, il doit évidemment comparaitre par déférence pour le tribunal, mais il doit déclarer immédiatement qu'il ne peut parler en raison du secret professionnel auquel il est tenu. Cette attitude est souvent mal vue par les tribunaux car, disent-ils, elle ne contribue pas à la bonne administration de la justice. Citons un exemple vécu : un notaire avait refusé de dire à la barre qu'en sa présence et dans son cabinet deux personnes avaient verbalement convenu d'un certain nombre d'éléments quant à la vente d'un immeuble. Il fut approuvé par le tribunal de Versailles par jugement du 15 janvier 1949[205]. « Le notaire, cité comme témoin dans une enquête ordonnée dans une instance relative à la non-réalisation d'une vente se refuse à bon droit à toute déclaration en se retranchant derrière le secret professionnel car en déposant à l'enquête il se trouverait dans l'obligation soit de taire certaines circonstances mutilant ainsi la vérité, soit d'en parler et de violer ainsi le secret professionnel. » Ce jugement fut déféré à la cour d'appel de Paris qui, dans un arrêt du 23 octobre 1952[206], a infirmé le jugement : « Le notaire ne peut s'abriter derrière le secret puisque la révélation lui est réclamée par l'une des personnes qui se trouvait dans son bureau, laquelle est elle-même par conséquent créancière du secret et que toute partie créancière d'un secret a le droit d'en autoriser la révélation ». Cette dernière décision a été fort

---

[205] D. 1950, 1, 72.
[206] D. 1953, 1, 9.

critiquée, notamment par les partisans du caractère absolu du secret professionnel. Un arrêt de la cour d'appel de Paris du 13 juillet 1973[207] marque un heureux revirement de jurisprudence : « Attendu, y est-il dit, que l'obligation du secret établie et sanctionnée par l'article 378 du Code pénal pour assurer la confiance nécessaire à l'exercice de certaines professions, est générale et absolue».

Paragraphe 5. Consentement du créancier du secret professionnel

127. Le même problème se pose lorsqu'une personne créancière du secret professionnel (celle qui a fait la confidence) autorise le notaire débiteur du secret à livrer ce secret. La plupart des auteurs et le corps notarial tout entier estiment que cela n'est pas possible, et ce, pour deux raisons principales :
L'intérêt du créancier du secret, car si une telle autorisation était considérée comme de quelque effet, sa protection ne serait plus assurée. Imaginons qu'un notaire soit appelé à la barre comme témoin et qu'un magistrat demande au créancier du secret d'autoriser sa révélation. Si le créancier accepte, il n'est plus pour lui aucun moyen de se protéger. S'il refuse, il se condamne d'avance.

Le caractère d'intérêt général du secret professionnel impose que nul ne puisse y faire échec, même serait-il créancier de ce secret. Il faut reconnaitre que certaines décisions de jurisprudence sont d'un avis contraire[208]. Cependant, il est permis au confident de confirmer par écrit au créancier du secret la confidence que celui-ci lui a faite afin que ce dernier puisse l'utiliser.

Section 5. La rémunération du notaire

Paragraphe 1. Les émoluments

128. Cette question, qui relève de la comptabilité notariale, ne sera traitée ici qu'assez rapidement et uniquement du point de vue de la déontologie

---

[207] D. 1974, 16, note DE LA MARNIERRE ; *Defrénois* 1974, art. 30553, obs. J.L. AUBERT.
[208] V. notamment Cass. Crim., 8 mars 1947 : D. 1948,1, 109.

notariale[209]. On appelle émoluments la rémunération fixée par le tarif légal que les notaires ont le droit d'exiger des parties qui requièrent leur ministère. L'article 51 de la loi de ventôse laissait au notaire le soin de fixer ses honoraires à l'amiable avec les parties, sauf en cas de conflit, avis de la chambre qui peut lui demander de faire la déclaration sur les fonds en sa possession, sans que le notaire puisse opposer le secret professionnel[210]. Lorsqu'elle était applicable, la procédure de saisie-arrêt, qui prévoyait que le tiers détenteur doit déclarer les sommes qu'il détient pour le compte du débiteur[211], posait certains problèmes en raison du secret professionnel. La jurisprudence[212] a admis l'obligation pour le notaire de faire la déclaration qui lui est demandée par l'huissier de justice. La jurisprudence applique le même principe en cas de saisie-attribution introduite par la réforme des procédures civiles d'exécution[213]. Mais à défaut d'injonction judiciaire, le notaire ne peut révéler à un huissier de justice l'adresse de son client lors d'une procédure de saisie[214].

129. Les émoluments comprennent forfaitairement :
- La rémunération de tous les soins, conseils, consultations, conférences, examens de pièces et autres travaux relatifs à l'élaboration et à la rédaction des actes ;

- Le remboursement de tous les frais accessoires tels que frais de papeterie ou de bureau.

- Émoluments. Il existe plusieurs sortes d'émoluments : les émoluments fixes s'appliquant aux actes simples, les émoluments par rôle de minutes (pour les actes longs mais simples), les émoluments par rôle de copie exécutoire ou de copie authentique, les émoluments par heure et avec minimum de trois heures pour les inventaires et les émoluments proportionnels pour les actes plus complexes.

---

209 V.J.-CL. Notarial Formulaire, V° Comptabilité notariale.
210 CA Paris, 2e ch. A, 26 févr. 2003 : Juris-Data n° 2003-213837.
211 CPC, art. 559.
212 CA Aix-en-Provence, 4 mars 1958 et sur pourvoi Cass. 1re civ., 10 nov. 1959.
213 L. n° 91-650, 9juill. 1991, art. 42, 44.- D. n° 1998, n° 12, IV, p. 514. CA Anges, aud. Sol, 4 juin 1999 : Juris-Data n° 1999- 100437. – R. PERROT et PH. THERY, *Saisie attribution. La situation du tiers saisi* : D. 2001, n° 9, p. 714.
214 Cass. 2e civ., 13 oct. 2005 : Juris-Data n°2005-030256.

Les émoluments fixes sont calculés par unité de valeur ; les émoluments proportionnels sont calculés sur le capital exprimé dans les actes divisés en tranches auxquelles sont appliqués des taux dégressifs. L'article 19 du règlement national dispose qu'il est interdit aux notaires de percevoir, à quelque titre que ce soit, pour l'établissement des actes prévus au tarif, d'autres émoluments que ceux fixés par ces tarifs. Les remises partielles d'émoluments ne sont pas admises sans l'autorisation de la chambre des notaires. Est considérée comme telle la remise totale d'émoluments sur un acte dont la réalisation est liée à celle d'un autre acte sur lequel l'émolument a été perçu.

Paragraphe 2. Débours.

130. Le notaire a droit au remboursement des sommes dues à des tiers par le client et payées pour le compte de celui-ci, notamment les droits d'enregistrement, taxes sur la valeur ajoutée, droits de timbre, taxes hypothécaires, les émoluments d'autres officiers publics ou ministériels, les honoraires d'experts et les frais de publicité légalement obligatoires. Les frais de correspondance et de voyage sont spécialement tarifés.

131. Négociation. Il est prévu, en faveur du notaire négociateur, un émolument spécial. Le notaire peut le réduire. Pour qu'il y ait négociation, il faut que le notaire ait reçu mandat exprès ou tacite par l'une de parties mises en relation par le notaire en exécution de ce mandat, notamment à la suite de la publicité à laquelle il a procédé.

Paragraphe 3. Honoraires libres.

132. L'article 4 du décret sur le tarif prévoit que les notaires sont rémunérés pour les services rendus dans l'exercice des activités non prévues au titre II du tarif et compatibles avec la fonction notariale par des honoraires fixés en commun accord avec les parties ou à défaut par le juge chargé de la taxation. Sont notamment rémunérées conformément à cette disposition les consultations données par les notaires. Dans tous les cas, le client doit être préalablement averti par écrit du caractère onéreux de la prestation de services et du montant estimé ou du mode de calcul de la rémunération à prévoir.

En outre, les notaires sont rémunérés par des honoraires fixés dans les conditions prévues par l'article 4 en matière d'association, de baux régis par le décret du 30 septembre 1953, de louage d'ouvrage et d'industrie, salaires ou travaux, de sociétés et ventes de fonds de commerce, d'éléments de fonds de commerce, d'unités de production, de branche d'activité d'entreprise. D'après le décret n° 86-358 du 11 mars 1986, lorsque le montant des émoluments afférents à un acte est supérieur à 80 000 F, le notaire et son client peuvent convenir d'une réduction partielle pour la partie excédant cette somme[215].

133. Recouvrement – Compte. En ce qui concerne le recouvrement des honoraires, l'article 19 du règlement national édicte que les notaires doivent demander aux parties, au moment de la signature des actes, une provision suffisante pour le paiement des frais, droits déboursés et émoluments[216]. Dès que les formalités consécutives à l'acte sont accomplies, les notaires doivent faire le compte de leurs frais et émoluments, en fournir un état détaillé en distinguant les droits payés au trésor, les débours et les honoraires, et procéder au règlement de la provision, soit en restituant l'excédent[217]. La créance des frais est généralement chirographaire mais bénéficie de privilèges dans certains cas (privilège de frais de justice pour partage judiciaire, privilège du vendeur pour vente d'immeuble, hypothèques, etc.).

[215] D. n° 78-262, 8 mars 1978, art. 3, mod. D. 11 mars 1986 et D. 27 avril 2001.
[216] Dans le même sens, D. n° 78, 8 mars 1978, art. 6.
[217] D. 8 mars 1978, art. 7.

CHAPITRE 4

RESPONSABILITE CIVILE DES NOTAIRES

134. L'existence de la profession notariale comporte un certain nombre d'obligations du notaire envers ses clients :
- le notaire doit établir un acte valable tant dans la forme que dans le fond, acte qui constitue l'instrument de preuve efficace des conventions que le notaire est chargé de constater, et devra aboutir au résultat juridique souhaité par les parties à moindre frais et dans les conditions les meilleures ;
- le notaire doit donner, à cette occasion, les conseils adéquats sur la manière de réaliser la convention, en permettant aux parties, surtout lorsque le notaire est le conseil des deux parties, de sauvegarder leurs légitimes intérêts ;
- le notaire a l'obligation d'assurer la pleine efficacité des conventions par l'accomplissement des formalités subséquentes à l'acte, tout en assurant la protection des parties jusqu'à ce que cette efficacité soit obtenue. Comme tout citoyen et peut-être plus que tout autre, le notaire encourt une responsabilité lorsqu'il ne remplit pas les devoirs ci-dessus énumérés : responsabilité pénale, responsabilité disciplinaire et aussi responsabilité civile en vue de réparer le préjudice subi par la faute du notaire.

Section 1. Nature, fondement et étendue de la responsabilité civile du notaire

Paragraphe 1. Nature de la responsabilité.

135. Tout fait quelconque de l'homme qui cause à autrui un dommage, oblige celui par la faute duquel il est arrivé à le réparer. Ce grand principe prévu par l'article 1382 du Code civil est bien entendu applicable au notaire dans l'exercice de ses fonctions, cette responsabilité notariale constitue une des branches de la responsabilité professionnelle.

Il est important de suivre l'évolution, pendant les deux derniers siècles, de cette notion de responsabilité notariale. Jusqu'à la Révolution et même dans le droit intermédiaire, les notaires n'engageaient leur responsabilité que si la nullité des actes qu'ils dressaient résultait d'un dol ou d'une faute lourde[218] ; toutefois, une déclaration du 29 septembre 1722 relative au défaut de contrôle des actes notariés édicte : « Les notaires demeurent responsables des dommages-intérêts que les parties pourraient subir pour la nullité des actes. » Malgré cela, Ferrière écrivait encore dans son traité *Le parfait notaire* de 1752 : « Si les notaires pouvaient être poursuivis pour dommages-intérêts en raison des nullités qu'ils pourraient faire dans leurs actes, il n'y en a pas un à qui ce malheur ne peut arriver par inadvertance, ce qui causerait la perte de ses biens et de sa famille. » L'article 23 du décret n°71-941 du 26 novembre 1971 prévoit expressément qu'il y a lieu à dommages-intérêts contre le contrevenant lorsque l'acte établi par lui contient un certain nombre de vices de forme. Il ne faut pas en conclure que la responsabilité civile du notaire est seulement engagée dans les cas prévus par ce texte[219].

136. Évolution de la jurisprudence. Depuis le XIXe siècle, on assiste à une évolution jurisprudentielle tendant à l'aggravation de la responsabilité notariale et fondée sur trois idées principales déjà signalées, le devoir de conseil, la notion de mandat, et celle de gestion d'affaires, le notaire ayant vis-à-vis de ses clients l'obligation de mener à bien, dans la mesure de ses

[218] Tribunal de cassation, 11 frimaire an VII.

[219] Ancien article 68 de la loi de ventôse.

possibilités, l'affaire qui lui a été confiée. « Même en dehors de tout mandat, le notaire est professionnellement le conseil de ses clients. Il est indispensable que le citoyen qui franchit le seuil du cabinet du notaire s'y sente dans une sécurité complète, il doit y trouver des garanties solides non seulement à raison des actes par lesquels il engage tout ou partie de sa fortune, mais aussi à raison des conseils dont il sollicite la lumière. La loi et la société comptent sur l'autorité du notaire, sur son expérience, sur son honorabilité, sur ses connaissances juridiques pour guider les parties. Les notaires ne sont pas seulement des scribes dont le rôle serait uniquement passif mais ils ont pour obligation d'éclairer les clients sur les conséquences et les dangers des actes passés par ceux-ci, suppléant ainsi à leur ignorance du droit des affaires. »

A l'examen de ce texte, d'ailleurs fort clair, on se rend compte de la tendance jurisprudentielle de retenir contre le notaire sa responsabilité en raison des fautes qu'il a commises, mais aussi en raison de l'exercice même de la profession. C'est ainsi qu'une responsabilité pour risque s'ajoute à la responsabilité pour faute. Peut-être convient-il de remarquer que s'il est juste de définir très largement les obligations du responsable d'un accident qu'il n'avait pas moyen d'éviter. Il n'en reste pas moins imposé au notaire, encore faut-il que le respect de ces obligations dépende de son fait, de sa diligence particulière et de sa compétence. Le notaire ne peut échapper à la tendance fort explicable de la jurisprudence d'obtenir à tout prix l'indemnisation de la victime d'un dommage, aidée en cela par le fait que la responsabilité du notaire est généralement couverte par une assurance, ce qui entraine une augmentation des instances dirigées contre le notaire.

137. Incidence de l'assurance. Les actions en responsabilité exercées contre les notaires sont nombreuses. Le fait que le notaire est assuré a une incidence sur le sort réservé à ces actions cela n'est pas sans conséquences car les compagnies d'assurances tiennent compte de l'importance des règlements qu'elles ont dû effectuer, dans le calcul de la prime lors du renouvèlement des contrats. On peut également se demander si la jurisprudence n'arrive pas en cette matière de responsabilité notariale à substituer à *l'obligation de moyens*, *l'obligation de résultat*. Le notaire doit ainsi, non seulement fournir à son client un acte valable, mais il serait responsable si le but poursuivi n'est pas atteint.

138. Principe et preuve. Sous l'influence de la doctrine et grâce à l'action du Comité de contentieux de la Caisse de garantie du notariat, la jurisprudence rappelait, il y a quelques années, les principes de la responsabilité civile. Celle-ci suppose que soient constatés simultanément une faute, un dommage et un lien de causalité entre ces deux éléments.
Le manquement au devoir de conseil doit être prouvé[220]. Cette preuve n'est pas établie lorsque les premiers associés d'une société en formation prétendent que le notaire aurait dû régulariser la reprise d'une acquisition en exécution d'une décision sociale dont il n'avait pas eu connaissance[221].

Paragraphe 2. Fondement de la responsabilité.

139. Une question classique est celle du fondement de la responsabilité notariale. Est – ce une responsabilité quasi délictuelle fondée sur l'article 1991 du Code civil qui édicte : « Le mandataire est tenu d'accomplir le mandat tant qu'il en demeure chargé et répond des dommages-intérêts qui pourraient résulter de son inexécution ». Et sur l'article 1992 : « Le mandataire répond non seulement du dol mais encore des fautes qu'il commet dans sa gestion. »
Il existe, il est vrai, un véritable contrat passé entre le notaire et son client. En fait, l'intérêt de la question est assez mince : sans doute la responsabilité fondée sur la notion de délit est-elle plus large que la responsabilité contractuelle, elle laisse au demandeur le choix du tribunal (soit celui du défendeur, soit celui du lieu du délit), elle introduit la solidarité en cas de pluralité de responsables et en réalité, malgré de longues discussions doctrinales, la jurisprudence n'a guère pris parti sur cette question, faisant jouer souvent dans une même affaire la responsabilité contractuelle et la responsabilité délictuelle[222].

---

[220] Cass. 1re civ., 10 juill. 1984 : Defrénois 1985, p. 380, obs. AUBERT.
[221] Cass. 1re civ., 28 nov. 1995 : Juris-Data n° 1995-003309.
[222] V. à ce sujet, J. De POULPIQUET, *La responsabilité civile et disciplinaire des notaires,* LGDJ, 1974, p. 153 à 251.

Section 2. Causes d'atténuation et d'exonération de la responsabilité notariale

140. Lorsqu'une personne éprouve un préjudice à la suite d'une opération juridique, la responsabilité du notaire ayant reçu l'acte est souvent recherchée alors que la faute commise par lui n'est pas la seule cause du dommage ou même qu'elle n'est pas établie. Dans la première hypothèse, la responsabilité peut être atténuée ; dans la seconde, elle n'est pas engagée.

Paragraphe 1. Degré de connaissances juridiques du client

141. Traditionnellement, suivant que le client est plus ou moins averti des questions juridiques et a pu prendre sa décision en pleine connaissance de cause, la jurisprudence se montrait plus ou moins sévère. En effet, l'incidence de la compétence du client est variable suivant les cas. Un professionnel de l'immobilier est suffisamment averti pour savoir quelles sont les précautions à prendre pour acquérir un bien immobilier. La responsabilité du notaire n'ayant pas procédé à certaines formalités préalables est donc limitée à son regard[223]. Le notaire n'est pas tenu de donner des informations sur les incidences fiscales d'une opération réalisée par un professionnel de l'immobilier[224]. Mais des agents de change ne sont pas informés des détails de la règlementation administrative en matière d'urbanisme. Ils peuvent donc engager la responsabilité du notaire ne les ayant pas avertis de la nécessité d'obtenir une autorisation pour transformer des locaux d'habitation en bureaux[225]. Cette jurisprudence est aujourd'hui remise. Ainsi, la mise au point d'une convention complexe entre deux sociétés importantes avec le concours de spécialistes, ne dispense pas le notaire d'informer le vendeur des charges fiscales qui pèsent sur lui au titre de la TVA[226]. La faute du client peut seulement limiter la responsabilité du notaire[227].

---

[223] Cass. 1re civ., 25 janv. 1989 : JCP 1990, II,p. 65, obs. TH. SANSEAU.
[224] Cass. 1re civ. 30 mars 1994 : JCP N 1996, n° 27, II,P. 1011, note TH. SANSEAU.
[225] Cass. 1re civ. , 6 déc n1978 : Defrénois 1979, art. 32077, obs. J.L. AUBERT.
[226] Cass. 1re civ., 4 mars 2003 : Juris-Data n° 2003-018139. Cass. Com., 11 mars 2003 : Site LexisNexis Juris-Data n°2003-212644.
[227] Par exemple, Cass. 1re civ, 29 févr. 2000 : Juris-Data n°2000-000775, citée.

1. Assistance du client par un autre conseil

142. On admettait que la responsabilité du notaire pouvait être écartée ou réduite lorsque le client est assisté d'une personne compétente. Le caractère absolu du devoir de conseil a remis en cause cette conception[228].

2. Participation plus ou moins importante à la conclusion de la convention

143. Il est évident que la responsabilité du notaire est plus ou moins engagée selon la manière dont il est intervenu dans l'élaboration de l'acte. Dans un arrêt du 5 avril 1965, la Cour de cassation affirme : « que la mesure et la portée du devoir de conseil doivent être appréciées selon les circonstances et selon notamment que le notaire a participé directement aux tractations relatives aux stipulations de la convention ou n'est intervenu que pour donner une forme authentique à des accords déjà conclus ». Le juge peut constater que le notaire a été tenu à l'écart des négociations ayant abouti à une cession d'actions et qu'il n'y a donc plus de place pour l'exercice du devoir de conseil ; on ne peut donc lui reprocher de ne pas avoir conseillé au cédant de demander un cautionnement que le cessionnaire était d'ailleurs incapable de fournir[229]. Néanmoins, le notaire reste tenu d'expliquer aux clients la portée de leurs engagements[230].

Paragraphe 2. Faute du client

144. La responsabilité du notaire est atténuée si le notaire n'a pas été complètement renseigné. Un jugement du tribunal de Versailles, du 29 mars 1966, indique « que les clients ne peuvent demander au notaire garantie de leurs propres omissions et négligences » ; en l'espèce, on reprochait au notaire de ne pas avoir mentionné une sente rurale que le client connaissait bien[231].

---

[228] Cass, 1re civ, 10 juill. 1995 : Juris-Data n° 002115 ; JCP N 1995, II, p. 1822 ; CA. Douai, 6 mars 2003, cit.
[229] Cass. 1re civ., 28 nov. 1995 :Juris-Data n° 1995-003311.
[230] sur la pratique des reconnaissances d'avis donné. Dans le même sens, CA.Toulouse, 1re ch. 1, 8sept. 1997 : Juris-Data n° 1997-049687.
[231] V. également Cass. 1re civ, 13 juin 1972 : Defrénois 1973, art. 30293-5, p. 449, obs. J.-L. AUBERT. Cass. 1re civ. 8 mars 1977 : Defrénois 1977, art., 31561-104,p. 1519, obs. J.-L.

L'omission des chiffres d'affaires et bénéfices dans un acte de vente de fonds de commerce entraîne seulement un partage de responsabilité entre les vendeurs et le notaire[232]. Si la faute du client ou celle d'un tiers est la cause exclusive du dommage, la responsabilité du notaire est écartée[233]. Dans le cas contraire, il y a partage de responsabilité[234].

Ainsi, le notaire n'est pas responsable de la perte de la possibilité d'exercer une activité secondaire dans un local commercial lorsque cette perte est, en réalité, la conséquence de la négligence des preneurs[235].

Paragraphe 3. Questions controversées

145. La controverse en doctrine et en jurisprudence d'une question sur laquelle le notaire a pris parti dans tel ou tel sens n'exonère pas le notaire de toute responsabilité si, par la suite, les tribunaux tranchent en sens contraire de la solution adoptée. Le notaire doit avertir les clients du problème et des dangers qu'ils peuvent courir[236].

- Pour l'interprétation d'un texte fiscal[237]. Pour la publicité d'une institution contractuelle[238]. Un notaire ne peut se voir reprocher de n'avoir pas prévu un revirement de jurisprudence étendant le formalisme du cautionnement au mandant de se porter caution alors que cette nécessité n'était pas admise à l'époque[239]. Toutefois, le notaire est tenu d'informer les parties de l'incertitude du régime fiscal applicable en Corse[240].

AUBERT. – Pour le non-renouvellement d'une inscription, Cass. 1re civ, 19 mai 1999 : Juris-Data n° 1999-000101. Pour un cautionnement nul en raison de la faute du client, Cass. 1re civ, 13 janv. 2004: Juris-Data n° 20014-021771 et 6avr. 2004 : Juris-Data n°2004-023386 ; Defrénois 2004, n° 20, p. 1413, obs. J.L. AUBERT.

232 Cass. 1re civ., 17 mars 1993 : JCP N 1996, n° 29, II, p. 1089, note TH. SANSEAU.

233 Cass. 3e civ, 24 mai 1976, Defrénois 1977, art. 31343-18, p. 406, obs J.-L. AUBERT.

234 Cass, 1re civ, 12 juill. 2005, Juris-Data n°2005-029595.

235 Cass, 1re civ, 22 nov. 1994 : JCP N 1996, n° 36, II, p.1213, note TH SANSEAU. En matière de TVA immobilière, Cass . 1re civ, 5 mai 2004 Juris-Data n°2005-023574. Pour le cas de dol du client, Cass. 1re civ, 16 janv. 2001 : Juris-Data n°2001-007792 ; Defrénois, 2001, n° 11, p. 723, obs. J.L. AUBERT.

236 V. à propos d'un problème d'indexation Cass. 1re civ, 27 mars 1973 : Defrénois, 15 mars 1974, art. 30547-8, obs. J.L. AUBERT.

237 CA Paris, 1re ch. A, 11 juill. 1983 : Juris-Data n°1983-026518.

238 CA. Reims, ch. Civ, sect. 1, 4 juill. 1983: Juris-Data n°1983-0445544.

239 Cass. 1re civ, 13 mai 2003 : Juris-Data n° 2003-014992.

240 Cass. . 1re civ,18 févr. 2003 : Juris-Data n°2003-017792.

Paragraphe 4. Reconnaissance de conseils donnés

146. Dans le cas précédent, comme dans celui où le client a tenu à passer un acte contre l'avis de son notaire, ce dernier doit se réserver la preuve que c'est en pleine connaissance de cause et après avoir été entièrement averties des conditions, des conséquences et des risques que comporte le contrat que les parties ont donné leur consentement. Mais ces reconnaissances de conseils donnés doivent être pleinement circonstanciées. La jurisprudence a tendance, en effet, à considérer comme clauses de style et dépourvues d'efficacité juridique certaines déclarations insérées. Peut-être pourrait-on dire glissées dans leurs actes par les notaires[241]. Toutefois, lorsque la clause de l'acte est claire et précise, elle établit la preuve que le client a bien été averti[242]. La reconnaissance d'avis donné n'a pas d'autre objet que d'établir la preuve que le notaire a rempli son devoir de conseil. Elle n'est pas une décharge de responsabilité et est à proscrire[243]. Lorsque le notaire a rempli un rôle actif dans l'élaboration des conventions arrêtées par les parties, il est opportun qu'il fournisse à ses clients une consultation précisant les limites du choix retenu[244].

Paragraphe 5. Compétence et prescription

147. L'article 53 de la loi de ventôse attribue compétence exclusive au tribunal de la résidence du notaire. Cette disposition a été abrogée par l'article 49 de l'ordonnance du 28 juin 1945 qui se contente de prévoir « la compétence du tribunal civil dans le ressort duquel le notaire exerce ses fonctions » pour *les actions disciplinaires*. Lorsque *l'action en responsabilité* est exercée indépendamment de l'action disciplinaire, la solution est longtemps restée incertaine. Depuis une décision de la Cour de cassation rendue en 1960, il semble que les règles de droit commun soient

[241] V. Cass. 1re civ, 9 févr. 1972 : Journ. Not. 20 févr. 1974, art. 51596.

[242] Cass. 1re civ. 3 févr. 1998 : Juris-Data n°1998-000428 ; *JCP* N 1998, n° 19, p. 701, note J.F. PILLEBOUT ; *JCP* N 1998, n° 28, p. 1028, note KUHN ; Defrénois 1998, art. 36815-71, obs. J.L. AUBERT.

[243] V. J.-CL. *Notarial Formulaire*, v. Responsabilité notariale, Fasc. 10.

[244] J.F. PILLEBOUT, *De la décharge de responsabilité à la consultation* ; *JCP* N 1993, I, p. 263.

applicables[245]. Le tribunal compétent est celui du domicile du notaire ou celui du lieu où le dommage a été réalisé. En cas d'appel en garantie, l'action est exercée devant le tribunal où la demande d'origine a été faite. *L'action en responsabilité* peut être exercée dans le cadre d'une procédure pénale ou d'une procédure disciplinaire. Elle se prescrit par trente ans. *La transaction* est possible en matière de responsabilité civile.

Section 3. Conditions requises pour le succès d'une action en responsabilité civile contre un notaire

148. Les conditions requises par l'article 1382 doivent se retrouver, à savoir : une faute, un dommage, une relation de cause à effet entre la faute et le dommage. Comme on l'a vu, ces trois éléments doivent être bien établis mais les tribunaux sont parfois assez indulgents pour en apprécier la preuve.

Paragraphe 1. La faute

149. Le notaire commet une faute chaque fois qu'il manque à une des obligations légales ou qu'il manque à son devoir de conseil ou qu'il ne remplit pas une des obligations conventionnelles résultant des mandats ou de la gestion des affaires dont il est chargé. « Il ne suffit pas, pour rendre un notaire responsable des suites d'un mauvais placement, de prouver que c'est le notaire qui a indiqué et même négocié ce placement, il faut établir que le notaire a commis une faute dans la négociation »[246]. Cependant, écrit Espagno dans sa thèse : « La faute consiste pour le notaire à ne pas avoir agi comme aurait dû le faire un officier public consciencieux et prudent »[247]. Toute faute, même légère, engage la responsabilité du notaire. *La faute intentionnelle* n'est pas couverte par l'assurance et ne doit pas être confondue avec *la faute lourde*[248]. Comme on l'a vu, la faute du client peut avoir effet d'atténuer la responsabilité du notaire ou même de l'exclure.

---

245 Cass. 1re civ ., 31 mai 1960, D. 1960, 55 – Dans le même sens, Cass. 1re civ., 15 févr. 1966 : JCP G 1966, II, 14615 ; Journ. Not. 1966, art. 47889.
246 T. LYON, 13 juin 1903.
247 *La responsabilité civile des notaires*, thèse Toulouse, 1952.
248 Cass. 1re civ., 7 mai 1980 : Journ. not. 1981, art. 56034, obs. DE LA MARNIERRE. art. 56449, n° 1, obs. J.DE POULPIQUET.

Paragraphe 2. Le préjudice

150. L'étendue de la responsabilité du notaire se détermine elle-même en fonction du préjudice subi, *car s'il n'y a pas d'intérêt, il n'y a pas d'action.* Il faut un préjudice certain et direct. Citons, comme exemple, l'affaire soumise à la Cour de cassation il y a quelques années. Un notaire peut se voir condamner à réparer le préjudice subi par l'acquéreur d'un terrain qu'il n'avait pas averti de l'existence d'une servitude de pipe-line. Cet acquéreur risquait de se voir contraint de démolir la construction édifiée sur le terrain et il en résultait pour lui un préjudice certain même si la démolition n'avait pas été effectivement ordonnée[249]. Un créancier ne peut pas engager la responsabilité du notaire ayant remis le prix d'une vente immobilière alors qu'il n'a pas exercé le droit de suite lui permettant éventuellement de recouvrer sa créance[250].

Paragraphe 3. Lien de causalité entre faute et préjudice

151. Il faut que la faute ait causé le dommage. C'est ainsi qu'un arrêt de la Cour de cassation du 25 novembre 1971, rejetant un pourvoi contre un arrêt de la cour de Lyon du 24 février 1970, a écarté la responsabilité du notaire qui avait omis de vérifier la situation hypothécaire à l'occasion d'une vente d'immeuble, car cette omission avait été sans influence sur la volonté de son client d'acquérir[251]. De même, le défaut de certificat d'urbanisme qui, de toute façon, n'aurait pas révélé l'inaptitude administrative du terrain à la réalisation du projet à la date de la vente n'a pas d'incidence sur le dommage éprouvé par l'acquéreur[252]. Ainsi, un créancier dont l'hypothèque judiciaire était irrégulière ne peut reprocher au notaire de s'être dessaisi des fonds avant la publication de l'acte de vente au bureau des hypothèques. Le préjudice subi par le créancier résultait, en effet, de l'irrégularité de l'hypothèque judiciaire (Cass. 1re civ., 27 mai 2003: Juris-Data n°2003-019174).

---

[249] Cass. 1re civ., 3 avr. 1984 : *JCP* N 1985, prat. 9264, p. 31.

[250] Cass. 1re civ., 1re avr. 2003 : Juris-Data n° 2003-018649.

[251] V. aussi Cass. 1re civ., 28 janv. 1975 : JCP 1975, II, 18161, note DAGOT. Cass. 1re civ, 11 mai 2000 : Juris-Data n° 2000- 001861. Cass. 1re civ. 25 mai 2005 : Juris-Data n°2000-105994. v. J.L. AUBERT, chronique de jurisprudence. Defrénois 2000, n° 4, p. 245.

[252] TGI Strasbourg, 3e ch. Civ., 22avr. 1983 : JCP 1985 ? II, p. 145, note DAGOT.

Paragraphe 4. Assurance responsabilité

152. Les notaires sont obligatoirement assurés pour leur responsabilité civile[253]. Cette assurance doit garantir la responsabilité de chaque notaire pour une somme au moins égale à deux fois la moyenne, par étude, des produits bruts réalisés par les notaires pendant l'année précédant celle de l'échéance de la prime[254].Toutefois, les indemnités versées aux créanciers du notaire restent à la charge du notaire pour un dixième au moins, dans les limites d'un plafond. L'application des contrats d'assurance a provoqué quelques difficultés entre les notaires et leurs assureurs à propos des notions de faute lourde et de risque bravé, les assurances refusant leur garantie lorsque le notaire avait commis de telles fautes.

Cependant, l'article L 113-1 du Code des assurances prohibe ces exonérations. Seules ne sont pas couvertes les *fautes intentionnelles et dolosives* du notaire, c'est-à-dire celles que le notaire a commises délibérément en sachant bien qu'en agissant ainsi il allait provoquer le dommage dont on lui demande réparation[255]. Il convient de noter que les polices d'assurance ne couvrent pas les insuffisances de gage que la jurisprudence distingue, d'ailleurs, avec une certaine subtilité, de l'absence d'efficacité juridique de la garantie qui, elle, est couverte par l'assurance[256]. Il faut aussi faire observer que les notaires ne peuvent plus négocier des contrats de prêts sans que ceux-ci soient assortis d'une garantie bancaire de bonne fin. Le fait de recevoir des fonds à charge de verser des intérêts en dehors de tout acte authentique n'est pas couvert par l'assurance[257]. D'autres polices d'assurance garantissent le notaire contre le risque de remise d'un prix de vente avant l'obtention de l'état sur formalités de publicité foncière.

---

[253] D. 20 mai 1955, art 13.

[254] A. 28 mai 1958, art. 9.

[255] V. Cass. 1re civ. 12 juin 1974 ; Defrénois, 13 mars 1975, n° 30882-7. V. aussi Cass. 1re civ., 7 mai 1980 : Journ. not. 1981, art. 56034, obs DE LA MARNIERRE, art. 56449, n° 1, obs. J. POULPIQUET. Le fait d'avoir fourni des renseignements inexacts à une banque n'a pas été considéré comme une faute intentionnelle Cass. 1re civ.,2 févr. 1994 : Juris-Data n°000334 ; JCP N 1994, n° 38 , II, p . 269, note BONNEAU.

[256] Cass. 1re civ.,7 juill. 1976 : Defrénois 1977, art. 31522-82, obs. J.L. AUBERT.

[257] CA Paris, 15e ch. B, 27 sept. 1996 : Juris-Data n°024353.

Section 4. Causes de responsabilité notariale

153. Il est impossible de citer ici tous les cas où un notaire peut être actionné en responsabilité. Il est renvoyé aux excellents ouvrages qui ont été publiés sur cette matière, notamment la thèse de Me Espagno, *La responsabilité des notaires*, thèse Toulouse, 1952 ; l'ouvrage de Me Kuhn, Manuel, *La responsabilité civile des notaires,* 1962, et son supplément ; l'ouvrage de M.J.L. Aubert, *La responsabilité professionnelle des notaires*. Defrenois. 4e éd. 2002. de J. De Poulpiquet, *La responsabilité civile et disciplinaire des notaires*, LGDJ, 1974[258].Si l'on veut classer ces cas de responsabilité, on peut les placer sous diverses rubriques que nous allons examiner successivement.

Paragraphe 1. Notaire officier public

154. Le notaire est responsable des vices de forme qui se trouvent dans les actes qu'il reçoit ; par exemple, actes signés hors de son ressort de compétence, lorsque cette compétence était limitée, absence de signature, absence de témoins lorsque leur présence est nécessaire, actes reçus pour des parents, actes ne respectant pas les règles de forme (surcharges, interlignes). Le notaire ayant oublié de faire signer un acte est responsable du préjudice qui peut en résulter[259] ; il en est de même s'il a lui-même omis de signer l'acte de donation entre époux[260].

Le notaire est responsable s'il n'a pas vérifié l'identité et la capacité des parties[261]. S'il n'a pas vérifié les procurations qui lui sont présentées, etc. Il est responsable de la conservation des minutes et, à l'occasion, de la délivrance des copies exécutoires et des expéditions sous réserve du secret professionnel. Une décision considère même que le notaire est responsable lorsqu'il n'a pas averti l'acquéreur des difficultés pouvant résulter de l'absence de connaissance de la future adresse du vendeur[262].

---

[258] V. aussi J.CL. *Notarial Formulaire*, v. Responsabilité notariale.

[259] Cass. 1re civ, 28 nov. 1979 : Defrénois 1973, art. 30403.

[260] Cass. 1re civ, 29 nov. 1989 : Defrénois 1990, art . 34802- 51, obs. J.L. AUBERT.

[261] Cass. 1re civ, 1re févr. 1979 : Journ. not. 1981, art. 56115. CA Paris, 11 juin 1999 : Juris-Data n° 1999-102658.

[262] Cass. 1re civ,, 4 févr. 2003 Cass. 1re civ, 2003-017458. G. RIVIERE, Dernier domicile connu : JCP N 2003, n° 46, 1572, p. 1625.

Paragraphe 2. Notaire-conseil

155. Principe. Il est inutile de reprendre les formules déjà citées employées à ce sujet par la Cour de cassation. C'est à propos de ce devoir de conseil qu'il convient de se souvenir en particulier des motifs d'exonération ou d'atténuation de la responsabilité du notaire. L'accomplissement du devoir entraîne de la part du notaire l'obligation d'effectuer un certain nombre de recherches. Le notaire doit vérifier si les conditions de faits nécessaires pour la validité et l'efficacité de l'acte sont réunies et aller jusqu'à contrôler les déclarations des parties. « Attendu, dit le tribunal d'Auxerre dans un jugement du 20 décembre 1950, que l'officier public ne doit pas se fier aux apparences ni aux indications données, qu'il a le devoir impérieux de contrôler les renseignements fournis et de vérifier par lui-même les origines de propriété des immeubles dont il reçoit la vente »[263]

3. Applications

156. Ces vérifications portent en matière de vente, par exemple, sur la connaissance et la désignation du bien vendu, la propriété du disposant, les servitudes qui grèvent l'immeuble, la situation locative, la situation hypothécaire. Il convient de citer à ce sujet un arrêt de la Cour de cassation en date du 4 janvier 1966[264] qui a particulièrement ému le notariat en faisant grief à un notaire de ne pas avoir, avant la signature d'un contrat de vente, levé un état hypothécaire qui lui aurait révélé qu'une procédure en annulation avait été introduite, concernant l'immeuble vendu, ce qui le rendait indisponible entre les mains de l'acquéreur.

Cette jurisprudence, qui a surpris à l'époque, a influencé la pratique. Désormais, sauf exception, les notaires demandent un état hypothécaire préalable avant la signature de l'acte. Il n'en est autrement que si, par souci de célérité, les parties requièrent le notaire de passer l'acte sans attendre

---

[263] V. aussi Cass. 1re civ, 12 févr. 1974 : Bull. civ., p. 44, n° 1989-003796 ; Defrénois, 30 juin 1990, n° 34802, note de POULPIQUET. Cass. 1re civ, 5 juill. 1989 : Juris-Data n° 1989-003796; Defrénois, 30 juin 1990, n° 34802, note AUBERT. Pour un acte de notoriété et des déclarations mensongères qui pouvaient être vérifiées, Cass1re civ, 11 mars 1997 : Juris-Data n°1997-001259.

[264] D . 1966, 227, note J. MAZEAUD.

l'état hypothécaire dont la délivrance demande plusieurs semaines, voire plus d'un mois suivant les conservations d'hypothèques[265]. En principe, un état hypothécaire préalable ne s'impose pas lors de la signature de l'avant-contrat[266]. Par une décision dont la portée est discutable, la Cour de cassation a considéré que le notaire pouvait se dessaisir des fonds avant l'obtention d'un état hypothécaire sur formalité[267].
Le notaire doit s'inquiéter en particulier des servitudes d'urbanisme, si fréquentes à l'heure actuelle, et plus généralement de toutes restrictions au droit de disposer ou au droit d'utiliser le bien à des fins diverses. Ainsi, un notaire s'est vu reprocher d'avoir reçu un acte de vente au mépris *d'un pacte de préférence*, le bénéficiaire du pacte pouvant engager sa responsabilité[268]. Dans une autre affaire, le notaire est responsable pour avoir manqué au devoir de conseil lors de la rédaction d'un cahier des charges d'un lotissement[269]. Par contre, il y a exonération ou atténuation de cette responsabilité si celui à qui le conseil devait être donné est lui-même un professionnel de droit ou un professionnel d'opérations immobilières.

157. Le conseil du notaire est recherché non seulement en matière civile, mais aussi sur les problèmes fiscaux posés par les actes qu'il reçoit. Il doit avertir les parties des droits et impôts qui devront être payés à la suite de l'acte (droits d'enregistrement, imposition des plus-values, etc.) et expliquer aux clients les inconvénients fiscaux des conséquences fiscales d'une donation consentie par une fille à son père entraînant une double mutation[270]. Pour une cession de parts sociales avec remboursement de compte-courant[271]. Pour le défaut d'information sur le régime fiscal d'une vente

---

[265] Cass. 1re civ, 28 â 1974 ; JCP 1975, II, 17986, note DAGOT ; Journ. not. 1975, art. 52991, , note DE POULPIQUET. Cass. 1re civ, 28 janv. 1975 : JCP 1975, II, 18161, note DAGOT ; Journ. not 1976, art. 52991, note DE POULPIQUET.
[266] Cass. 1re civ, 23 nov. 2004 : Juris-Data n° 2004- 025791.
[267] Cass. 1re civ,23 nov. 2004 : Juris-Data n° 2004-025791 ; JCP N 2006n° 2, 1012, p. 62, note J. DE POUPIQUET ; D. 2005, n° 13, p. 874, note ST . PIEDELIEVRE.
[268] Cass. 1re civ, 14 janv. 1981 : JCP N 1982, II, p. 169, obs. M. DAGOT ; Defrénois 1983, art. 32984, p. 117, note MORIN et art. 37333, obs. J.L. AUBERT.
[269] Cass. 1re civ, 22 oct 1985 : Juris-Data n° 1985-002638, JCP N 1986, II , p ;173, obs. TH. SANSEAU. Pour le défaut de *purge du droit de présomption*, CA. Paris, 2e ch. B. 12 janv. 1996 : Juris-Data n° 1996-020256.
[270] CA. Aix-en-Provence, 13 janv. 1975 : JCP N 1977, II, obs. M. DAGOT ; Journ. not 1977, art. 53632, obs. J. DE POULPIQUET.
[271] CA. Paris, 1re ch. A, 11 janv. 2000 : Juris-Data n° 2000- 106018.

d'immeuble[272]. Lors de l'établissement d'un contrat de mariage comportant adoption de la *communauté universelle*, le notaire doit informer ses clients de la possibilité de stipuler *une clause d'attribution intégrale* au survivant[273]. Les conséquences d'un acte sur l'application de l'exonération de la loi Malraux doivent être expliquées par le notaire et non pas seulement par le promoteur[274].

Paragraphe 3. Notaire mandataire.

158. Le notaire est responsable comme mandataire car, recevant un acte, il doit lui assurer la pleine efficacité juridique ; il doit payer les droits d'enregistrement[275], accomplir les formalités de publicité foncière, de prise et renouvellement d'inscriptions, de publicité des cessions de fonds de commerce, de vérification de la situation hypothécaire ou des privilèges, de publicité des actes relatifs aux sociétés, accomplir toutes démarches relatives au registre du commerce, faire toutes significations, etc[276].

Section 5. Notaire responsable du fait des clercs et des employés

159. Le notaire est responsable des fautes de ses clercs à condition qu'il y ait une relation entre la faute du clerc et l'exercice des fonctions notariales. Lorsque le clerc agit en dehors des limites de ses fonctions, le notaire, en principe, n'est pas responsable. Pourtant, la notion d'abus des fonctions est interprétée de façon restrictive par les tribunaux. Ainsi, un notaire est jugé responsable des agissements du clerc qui avait placé les fonds d'un client

---

[272] CA. Paris, 2e ch. B, 14 janv. 1999: Juris-Data n° 1999-020188.

[273] Cass. 1re civ., 15 déc. 2005 : Juris-Data n° 2005-026997.

[274] Cass. 1re civ ., 13 déc. 2005 : Juris-Data n°2005- 031270.

[275]sauf si les droits sont payables à terme, Cass. Com., 16 juill. 1991 : Juris-Data n° 1991-001928 ; Defrénois 1992, art. 35315, obs. HONORAT.

[276] Lorsqu'il en a reçu mandat, le notaire doit assurer le renouvellement d'une inscription hypothécaire CA. Paris, 2e ch. B, 9 nov. 1988 : JCP N 1989, II, p. 129, obs. J.F. PILLEBOUT), mais la preuve du mandat doit être établie Juris-Data n° Cass. 1re civ, 26 juin 1984 : JCP N 1986, II, p. 269, obs. M ; DAGOT 7 févr. 1990 : Juris-Data n° 1990-000364 ; D. 1990, Journ. not. 1990, art. 59985-20, obs. DE LA MARNIERRE. Cass. 1re civ, 22 janv.2002 : Juris-Data n° 2002-012739. – CA Paris, 1re civ 1re ch. A, 29 févr. 2000 : Juris-Data n°107687. .– CA Aix-en-Provence, 6 mai 2003 : Juris-Data n° 2003-223052. v ; Fr. VAUVILLE, *Renouvellement des inscriptions* : *Quand et comment ?* Dr. Et *patrimoine* 2003, n° 112, p. 39). Toutefois, dans certains cas, le juge peut constater que le notaire avait un mandat tacite de renouveler l'inscription (Cass. 1re civ., 12 janv. 1999 : Defrénois 1999, n° 9 , art. 36953-21, p. 382, obs .J.L. AUBERT.

dans des conditions contraires à la règlementation s'imposant aux notaires. La Cour de cassation a considéré que l'acte pouvait être rattaché à la fonction malgré son caractère illicite[277]. Cette solution paraît d'ailleurs discutable car si le notaire lui-même avait eu recours à ce procédé, la caisse de garantie ne pourrait pas être mise en cause. Parfois, c'est la responsabilité du notaire qui est retenue quand le clerc a agi en vertu d'un mandat complété par l'indication de son nom comme mandataire mais qui, en réalité, avait été confié à l'étude.

160. Autres cas de responsabilité du notaire. La responsabilité du notaire peut être recherchée même lorsqu'il n'agit que comme notaire en second, comme gérant ou administrateur d'une étude, comme substituant, comme successeur d'un autre notaire pour la délivrance de copies ou expéditions, comme inspecteur de comptabilité, comme organisateur de ventes publiques aux enchères, etc.

Il est évident qu'en cette matière de responsabilité civile notariale où les décisions judiciaires foisonnent, il convient à propos de chaque difficulté de se reporter aux ouvrages spécialisés précités, de rechercher les décisions jurisprudentielles et surtout de prendre garde aux conclusions hâtives et définitives, la jurisprudence introduisant dans ses décisions de multiples nuances sur le degré de responsabilité retenue. Le lecteur trouvera de nombreux exemples dans le Juris-Classeur notarial[278].

Section 6. La garantie collective de la responsabilité professionnelle des notaires

161. Jusqu'à présent, il n'a été question que de la responsabilité incombant personnellement au notaire à laquelle il fait face s'il est condamné au moyen de la couverture qui lui est assurée par sa police d'assurance et par sa fortune personnelle. Mais le législateur a voulu aller plus loin et, pour assurer la

---

277 Cass. 1re civ., 25 mai 1981 : Defrénois 1981, art. 32787-118, obs. J.-L AUBERT ; Journ. not. 1982, art. 56971, obs. J. DE POULPIQUET. Cass. 1re civ, 4 mars 1999 : Juris-Data n° 1999-000911.

278 J. CL. Notarial Formulaire, v. Responsabilité notariale, Fasc. 20 et 30.

sécurité de la clientèle, rendre l'ensemble de la profession notariale garante de l'indemnisation de cette clientèle.
C'est la garantie collective instituée par la loi du 25 janvier 1934, remplacée par les dispositions du décret-loi du 20 mai 1955 dont un décret n°56-220 du 29 février 1956 portant règlement d'administration publique et un arrêté du 28 mai 1956 fixent les modalités d'application. Il faut ajouter qu'une profonde réforme du fonctionnement de la garantie collective résulte des dispositions du décret du 20 décembre 1971 qui ont été incorporées au décret du 26 février 1956.

Paragraphe 1. Étendue de la garantie collective

162. L'article 12 du décret-loi du 20 mai 1955 édicte que « la garantie s'applique au remboursement des sommes d'argent, à la restitution des titres et valeurs quelconques reçus par les notaires à l'occasion des actes de leur ministère ou des opérations dont ils sont chargés en raison de leurs fonctions. Elle s'étend aux conséquences pécuniaires de la responsabilité civile encourue par les notaires dans l'exercice normal de leurs fonctions à raison de leur fait, de leur faute ou de leur négligence, ou du fait, de la faute ou de la négligence de leur personnel. Elle ne couvre pas les pertes subies à raison de l'insuffisance des gages ». Il convient de remarquer qu'à l'origine, la garantie collective ne se limitait qu'à quelques cas prévus par le premier paragraphe de l'article 12 précité. Ce n'est qu'en 1955 que le législateur a étendu cette garantie aux conséquences pécuniaires de la responsabilité civile des notaires.

L'interprétation de ce texte a provoqué d'innombrables difficultés qui, dans beaucoup de cas, ont été soumises à l'appréciation des tribunaux. Qu'entendre en effet par cette expression « dans l'exercice normal de la fonction notariale ? » Une somme reçue à titre de dépôt pendant la durée des formalités hypothécaires, à l'occasion d'un acte de vente ou de prêt, et détournée par le notaire défaillant par exemple. Au contraire, si un notaire reçoit de l'argent sans destination précise, en sert personnellement l'intérêt, replace cet argent contre intérêt et réitère plusieurs fois ce genre d'opération, il n'exerce plus une activité notariale mais une activité bancaire qui lui est interdite.

TROISIEME PARTIE

CONSEILS PRATIQUES EN CAS DE MUTATION DE PROPRIETE ET DE CALCUL DES DROITS

Les notaires, nous l'avons dit, ont le monopole de la rédaction des actes authentiques. Il y a donc une obligation incontournable d'aller chez un notaire.

163. Transfert de propriété

Pour tout transfert de propriété d'immeuble entre vifs ou par succession l'officier public établit les actes de mutation qui sont taxés en fonction de la nature du transfert de propriété et de la nature du bien transféré. Il peut s'agir d'un transfert par décès, par donation entre vifs, par vente-achat.
La mutation par décès est constatée par un acte d'attestation de propriété immobilière qui donne droit à perception d'une taxe fixe. La mutation entre vifs consiste en la donation du vivant d'une personne à une autre. Si elle se fait entre parents et enfants, il y a perception d'une taxe hypothécaire de 0,60% de la valeur du bien transmis, plus perception des taxes communes en matière de succession. La mutation par vente-achat tient compte de la nature du bien vendu (immeuble à usage d'habitation construit depuis plus ou moins de cinq ans, avec ou sans terrain d'une superficie inférieure ou supérieure à 2500 mètres carrés).

164. Emprunt bancaire

Pour un emprunt bancaire avec garantie hypothécaire. Pour rédiger l'acte authentique, le notaire doit prendre une garantie hypothécaire auprès du bureau dont dépend l'immeuble donné en garantie. Si la garantie porte non pas sur un immeuble mais sur un bien meuble, on parle de nantissement. Dans ce cas les actes de garantie peuvent être réalisés par un notaire mais aussi par un avocat, un conseiller juridique ou certains cabinets spécialisés. Avant de réaliser une opération immobilière, quelle que soit son importance, avant de signer un acte qui engage définitivement, il faut s'entourer de quelques précautions élémentaires. Avant de signer un acte, il ne faut pas hésiter à mettre plusieurs notaires en concurrence. Il suffit de leur expliquer, par téléphone ou par courrier, la raison de votre consultation. Ensuite, leur demander le montant de tous les frais à prévoir pour l'opération que vous envisagez de réaliser. Il convient alors de s'adresser au notaire qui donnera, par écrit, les tarifs les moins élevés.

Il ne faut pas hésiter à demander un devis détaillé pour les frais d'actes en sachant que les chiffres que donne le notaire sont approximatifs.

Avant toute signature d'acte, il faut exiger une photocopie de tous les documents qui seront soumis à votre signature. Il faut les lire et les examiner attentivement. Le jour de la signature, on doit s'assurer que les documents que l'on vous présente sont bien les mêmes que ceux que vous avez examinés. La prudence la plus élémentaire impose de bien regarder qu'il n'y a pas de pages différentes glissées « par erreur » au milieu d'un acte ou d'autres documents à signer. Après la signature, il faut exiger une photocopie de tous les documents signés. Si un notaire vous propose de lui payer une partie de ses frais en espèces, il ne faut jamais accepter. Il serait en faute. Vous aussi. Tous les paiements doivent être effectués par chèque. A tout règlement doit correspondre un reçu à en-tête de l'étude notariale. Si vous êtes vendeur, demandez au notaire pendant combien de temps il gardera les fonds. En règle générale, un notaire ne doit pas garder le montant de la vente d'un bien immobilier plus de dix jours, à condition, évidemment d'un fonds de commerce, le notaire ne doit pas, en principe, conserver les fonds plus de cent-vingt jours. L'acquéreur doit faire intervenir son notaire et les frais ne doivent pas être plus élevés quoiqu'il y ait deux notaires pour une même opération. Il est indispensable de lire un acte avant de le signer. L'idéal est de demander au notaire un projet d'acte que l'on prendra soin d'examiner à la loupe, à tête reposée, avant de signer l'acte définitif. En cas de doute, d'incompréhension, de formulation obscure dans un acte, il faut en parler au notaire, lui demander des explications, des éclaircissements, demander s'il ne pourrait y avoir matière à interprétation ou à litige ultérieur.

165. Acquisition-partage

Lors d'une acquisition ou d'un partage, il convient d'examiner précisément les servitudes existantes (conventionnelles, légales ou administratives). Et, au besoin, demander des précisions écrites à votre notaire pour lever toute ambiguïté éventuelle. Vous devez être informé de toutes les conséquences engendrées par les servitudes, y compris celles qui paraissent insignifiantes.
Quelqu'un raconte à ce propos qu'il a connu un couple ayant acheté une maison avec cour « grevée d'un droit de passage au profit de divers ». Les acquéreurs ont ensuite découvert que ce droit de passage n'était énoncé dans aucun titre de propriété antérieur. Cette phrase, d'apparence insignifiante, a ensuite permis à des voisins de revendiquer un droit de passage dans cette cour. Ce que les tribunaux ont ensuite confirmé.
L'acquéreur de la maison aurait dû faire des recherches au notaire chargé d'établir l'acte pour avoir des renseignements plus concrets sur ce « droit de passage au profit de divers ». Il fallait savoir dans quel acte précédent ce droit de passage avait été créé. Comment il s'exerçait (à pied, à cheval, en voiture, avec des engins agricoles ou autres) ? Quand il s'exerçait (le jour, la nuit, en été, en hiver) ? Quelle était sa largeur ? Sa longueur ? Si l'acquéreur avait demandé ces précisions, il y a fort à parier que le notaire n'aurait jamais pu inscrire de « droit de passage » dans son acte car il n'aurait pu apporter aucune réponse aux interrogations de l'acquéreur.

166. Les Successions. Le règlement d'une succession est le constat d'une situation, d'un point de vue juridique, fiscal et administratif après un décès. Le partage n'est pas l'acte obligatoire du règlement d'une succession, surtout si le défunt laisse un conjoint survivant. Selon le code général des impôts (CGI), il y a des délais à respecter pour le règlement d'une succession. Le premier délai est de trois mois, à compter du jour du décès, pour enregistrer la donation entre époux. Le second délai est de six mois, à compter du même jour, pour payer les droits de succession, lorsqu'il y en a. Des pénalités de retard sont prévues, bien entendu, si ces délais ne sont pas respectés la plupart des clients ne font pas de contrat de mariage. Ils sont donc soumis au régime de la communauté. Dans ce régime, les biens des époux se répartissent en trois patrimoines, les biens du mari, les biens de l'épouse et les biens de la communauté.

Les biens de chacun des époux sont ceux qu'ils possédaient avant le mariage ou qui leur sont attribués pendant le mariage par succession, donation ou legs. Tous les autres dépendent de la communauté : les acquisitions, les salaires et même les revenus des biens propres de l'un ou de l'autre. C'est pourquoi, lors du décès, la succession du premier mourant comprend les biens propres du premier mourant et la moitié des biens de la communauté.

Prenons le cas d'un couple ayant deux enfants. S'il n'y a pas de donation entre époux, le survivant aura droit au quart, en usufruit, de la succession du premier mourant. L'usufruit, c'est la possibilité de jouir du quart de l'usufruit d'un appartement de communauté, revient, pour le survivant, à payer à ses enfants les 3/8 d'un loyer. Si, par contre, il existe une donation entre époux, le survivant devra faire un choix lors du règlement de la succession[279].

- Premier choix : celui de la *quotité disponible ordinaire* de droit commun. La loi prévoit, au profit des enfants, une « réserve » dont on ne peut les priver, sous aucun prétexte. En présence de deux enfants, cette réserve est de deux tiers de la succession, la quotité disponible étant d'un tiers. Cela pose évidemment un problème puisque l'époux survivant et chacun des deux enfants ont droit à un tiers de l'héritage. Il y a donc *une indivision* et, à tout moment, l'un ou l'autre des héritiers peut exiger le partage de la succession. Dans certains cas, il n'est pas possible de procéder autrement que par une vente. Pour une maison, par exemple.
- Deuxième choix : L'Usufruit de la totalité de la succession. Dans ce cas, il n'y a pas d'indivision entre le *nu-propriétaire* et *l'usufruitier*. Et donc le survivant est assuré de rester dans sa maison, par exemple. Les enfants ne peuvent pas exiger le partage.

---

[279] Sur cette question, v. H.D.AMBOULOU, Les libéralités et les successions en droit congolais, précité.

- Troisième choix : le survivant choisit le quart de la succession en pleine propriété et trois quarts en usufruit. Ici encore, l'avantage tient au fait qu'il n'y a pas d'indivision, donc pas de possibilité d'exiger un partage. Dans ce troisième cas de figure, le survivant conserve des droits en pleine propriété qui engendreront éventuellement des droits et des frais de succession au décès du deuxième époux. Dans le deuxième choix, il n'y a que des droits d'usufruit. L'usufruit *est un droit viager*. Il ne se transmet pas par décès. Le choix dépendra donc de la situation du survivant, de son âge, de la composition de la famille, de ses relations avec son ou ses enfants, et éventuellement gendre et belle-fille, et même de leur situation financière et aussi de ses objectifs futurs. Il faut savoir également que la donation entre époux n'a pas à être renouvelée à chaque augmentation du patrimoine (achat d'un nouvel immeuble, par exemple). Mais elle peut être révoquée à tout moment.

Les couples doivent penser à établir chez un notaire des « donations entre époux « puisque la loi actuelle ne protège pas suffisamment l'époux survivant : elle ne lui accorde que le quart en usufruit des biens et droits de l'époux prédécédé. (Il y a là sans doute une lacune que le législateur devrait combler. La loi devrait accorder au conjoint survivant la totalité en usufruit de la succession du prédécédé avec une donation entre époux, le survivant est garanti de pouvoir habiter le logement du couple, que ce logement dépende de la communauté dissoute ou qu'il appartienne à l'époux décédé. De même, le survivant peut bénéficier des revenus des placements faits par le couple ou l'époux prédécédé[280].

Dans certains cas, la donation entre époux peut éviter ou réduire les droits de succession. En règle générale, la donation entre époux ne désigne pas les biens des époux et du couple. Il n'est donc pas nécessaire de la refaire si, par exemple, au moment de la retraite, on a vendu l'appartement de Brazzaville pour acheter un autre appartement à Pointe-Noire. Il n'est pas besoin de refaire une donation entre époux à chaque nouvelle acquisition car les donations entre époux portent sur tous les biens ou droits que les époux possèdent.

Les frais de deux donations entre époux sont de l'ordre de 100.000 francs.

[280] Sur cette question, v. H.D.AMBOULOU, Les libéralités et les successions en droit congolais, précité.

Pourtant, l'acte de donation entre époux ne doit pas être fait dans le but de spolier les enfants du défunt. Il serait plus sage de mentionner dans l'acte de donation que le survivant sera tenu :

1° de faire établir un inventaire des biens soumis à l'usufruit du survivant ;

2° de faire établir un état des lieux soumis à l'usufruit ;

3° de faire emploi des capitaux soumis à l'usufruit de l'époux survivant.

En consultant un notaire au sujet des donations entre époux, le notaire peut conseiller une autre solution lorsque le couple n'a pas d'enfant, qui permet à l'époux survivant de ne pas payer un centime de droits de succession au décès du premier mourant.

Cette solution consiste en un changement de régime matrimonial pour adopter le régime de la communauté universelle avec attribution de la communauté au survivant. En vertu de ce changement de régime matrimonial, l'époux survivant devient propriétaire de tous les biens et droits de l'époux décédé sans avoir à payer un centime de droits de succession.

Il faut savoir cependant qu'un changement de régime matrimonial est une opération relativement longue, qu'elle nécessite l'intervention d'un notaire et d'un avocat, et que les frais sont de l'ordre de 100.000 à 120.000 francs.

Des jeunes qui projettent de se marier devraient toujours consulter un notaire car, même s'ils ne possèdent pas grand-chose au moment de leur mariage, ils peuvent avoir intérêt à faire établir un contrat de mariage avant leur union devant l'officier d'état civil. Le régime de la séparation de biens peut être envisagé lorsque, par exemple, l'un des époux est commerçant.

167. Donation et donation-partage. Dans le cadre d'une donation ou d'une donation-partage, il serait judicieux de prévoir comme condition de la donation ou de la donation-partage des charges viagères au profit des parents donateurs assorties d'une *clause d'action révocatoire* dans l'hypothèse de l'inexécution des obligations. Ces charges peuvent être de différentes natures. Il peut s'agir, de soigner les parents à leur domicile, du versement d'une rente… En cas de donation ou de donation partage, il faut prévoir une clause interdisant d'hypothéquer ou de vendre les biens donnés du vivant des parents donateurs sans leur consentement. Il convient de préciser qu'en cas d'*inscriptions hypothécaires*, de quelque nature qu'elles soient (judiciaires, légales ou conventionnelles), elles seraient nulles de plein droit si le ou les donateurs n'y ont pas consenti, et la donation pourrait être révoquée à la demande du ou des donateurs.

On devra être attentif à la rédaction des *clauses d'interdiction d'aliéner* car un créancier d'un enfant pourrait, en cas de mauvaise rédaction de ces clauses, valablement faire inscrire une hypothèque judiciaire pour faire vendre aux enchères, au décès du ou des donateurs, le ou les biens donnés.

Toujours dans le cadre de la donation ou de la donation-partage, il faut veiller à ce qu'il inscrive une clause dite « clause de droit de retour » d'un bien dans le patrimoine des parents en cas de décès d'un enfant. En effet, le décès d'un enfant avant son ou ses parents donateurs sans que l'enfant ne laisse lui-même de descendance, les biens donnés par le ou les parents leur reviennent sans que ceux-ci aient à payer de droits de succession.

Si un enfant vend un bien donné, le ou les parents donateurs doivent intervenir à l'acte de vente, notamment pour renoncer en faveur de l'acquéreur à l'exercice de son (ou leur) droit de retour. Cela paraît logique. Il faut s'assurer que le notaire reporte ce droit de retour soit sur le prix de vente du bien donné, soit sur le bien qui serait acquis avec ce prix de vente.

168. Droits de donation. S'il se passe dix ans entre deux donations par la même personne au profit des mêmes enfants, la valeur des biens donnés à la première donation n'est pas prise en compte lors de la deuxième donation.

Exemple. M. Ebossi, propriétaire d'un bien estimé 600.000 francs, l'a donné en 1990 à ses deux enfants. Lors de la donation effectuée en 1990, aucun des deux enfants n'a eu de droits à payer car chacun a bénéficié de son abattement légal de 300 000 francs.

Si M. Ebossi fait une deuxième donation en 1995 à ses enfants d'un autre bien évalué à 500 000 francs, il faut alors tenir compte de la valeur des biens compris dans la première donation. Il faut faire le calcul suivant :

Biens donnés en 1995 :	500 000F
Biens donnés en 1990 :	600 000F
Total :	1100 000F
Soit pour chaque enfant :	550 000F
Moins l'abattement légal	300 000F
Chaque enfant devra payer des droits de Donation sur	250 000F

Si M. Ebossi fait par contre sa deuxième donation en 2001 (plus de dix ans après la première), il ne sera pas tenu compte de la valeur des biens donnés en 1990.
En 2001, si la loi fiscale n'a pas changé, les enfants de M. Ebossi n'auront aucun droit de donation à payer, chacun bénéficiant de l'abattement de 300 000 francs une deuxième fois.
En règle générale, il faut éviter de signer des procurations de portée générale qui permettent ensuite à n'importe qui de signer n'importe quoi à votre place.

169. Acte d'achat. Avant de signer l'acte d'achat d'un appartement dans un immeuble de copropriété, demandez impérativement à avoir communication des pièces suivantes : le règlement de copropriété ; les éventuels modificatifs ; l'état descriptif de division ; les modificatifs ; le plan de l'appartement avec indication de son numéro ; la superficie de l'appartement ; vérifier que le numéro de lot de l'appartement correspond au numéro indiqué sur les plans et l'état descriptif de division. On a vu des personnes qui se croyaient propriétaires de leur appartement et qui ne l'étaient pas.
Avant de signer un acte d'achat d'une maison, d'un terrain, d'une propriété agricole ou autre, vérifiez que le plan cadastral correspond bien à ce qui vous est proposé. On peut acheter auprès du service du cadastre le plan que l'on souhaite. Les plans sont souvent instructifs. On y indique les numéros et les dimensions des parcelles, les servitudes éventuelles, les mitoyennetés. Il est donc utile de les consulter avant et même après avoir acheté.

CALCUL DES DROITS DE SUCCESSION

170. Première hypothèse. M. Ebossi a épousé Mlle Sidonie Lekoumou à la mairie de Pointe-Noire, le 21 Février 2006. Ils n'ont pas fait établir de contrat de mariage. Ils sont, par conséquent, soumis à l'ancien régime matrimonial de la communauté légale de meubles et acquêts. Au moment de leur mariage, les nouveaux époux possédaient les biens suivants. M. Ebossi : une boucherie à Pointe-Noire héritée de son propre père décédé dont il était le fils unique. Mlle Sidonie : un studio à Pointe-Noire qu'elle a payé avec l'argent provenant des successions avant le mariage.

Les époux Ebossi et Lekoumou ont eu trois enfants. Pendant leur vie, ils ont acquis deux maisons à Pointe-Noire. Ils ont signé chez leur notaire une donation entre époux laissant le choix au survivant pour : ¼ en toute propriété et ¾ en usufruit de la succession du premier mourant ; la quotité disponible en toute propriété de la succession du premier mourant (en l'espèce, en présence de trois enfants, la quotité disponible est d'un quart en toute propriété). M. Ebossi est décédé le 1er janvier 1995, laissant donc sa veuve, âgée de soixante-sept ans, et ses trois enfants qui s'entendent très bien avec leur mère.

La communauté des époux Ebossi Lekoumou se compose activement comme suit :

1° Le fonds de boucherie exploité par un gérant, tombé dans la communauté comme étant un bien « meuble ». Ce fonds est évalué à ……… 250 000F.

2° Les deux maisons de Pointe-Noire estimées ensemble à …... 900 000F

3° Un livret de caisse d'épargne au nom de M. Ebossi s'élevant en capital et intérêts au 1er janvier 1995 à ……….. 72 800F

4° Un livret de caisse d'épargne au nom de M. Ebossi s'élevant en capital et intérêts au 1 er janvier 2011 à ……….. 72 800F

5° Un compte au Crédit du Congo s'élevant au 1er janvier 1995 à .. 276 500F

6° Le mobilier garnissant la maison dont le notaire ne dressera pas l'inventaire car il n'y aura pas de droits à payer. On évaluera ces meubles meublants à 5% de la valeur de tous les autres actifs soit :

250 000F+ 900 000F + 54 600F + 72 800F + 276 500F = 1553 900F x 5% = 77695F = 1 553 900F x5% = 77 695F

La communauté ne comprend aucun autre actif. La veuve Ebossi Lekoumou possède toujours son studio qui, par sa nature immobilière, n'entre pas en ligne de compte dans la communauté. Ce studio s'appelle un « bien propre » à l'épouse.

La communauté Ebossi Lekoumou s'élève donc à …………….. 1 631 595F

Dont la moitié revenant à la succession de Ebossi s'élève à … 815 797, 5F

L'épouse souhaite opter tout simplement pour l'usufruit de tous les biens composant la succession de son défunt mari. Celle-ci étant âgée de soixante-sept ans se trouve comprise dans la tranche d'âge entre soixante et soixante-dix ans. La valeur fiscale de son usufruit correspond donc aux 2/10 de la valeur de biens sur lesquels il porte. Soit :

815 797 x 2/10 = ...163 159,5 F

Il restera donc pour les trois enfants une valeur fiscale de

815 797,5 – 163 159,5 = 652 638

Et, revenant à chacun d'eux pour 1/3 ... 217 546, 0F. L'épouse ayant droit à un abattement légal de 330 000 francs, ne sera redevable d'aucun droit de succession puisqu'elle ne recueille dans la succession de son défunt mari que 163 159,5 francs.

Les enfants, ayant droit chacun, à un abattement de 300 000francs n'auront aucun droit de succession à payer puisqu'ils ne recueillent qu'une valeur de 217 546 francs.

Que se passerait-il si la famille Ebossi ne fait pas établir la déclaration de succession par le notaire ? Il ne peut rien se passer de fâcheux. Au contraire, cette famille économisera 10100 francs de frais dont 8 520 francs revenant au notaire et 1 590 francs revenant au Trésor public.

Il n'est pas interdit aux services fiscaux de regarder le détail de cette succession. Mais les membres de la famille Ebossi ne sont pas en fraude. Après un délai de six mois, calculé à compter du jour du décès de Ebossi, sa veuve recevra par courrier recommandé une « demande de renseignements ». Il s'agit de l'imprimé 2715 qu'il suffit de remplir honnêtement. Au besoin, avec l'aide d'un notaire ou d'un agent des services fiscaux.

Dans l'immense majorité des cas, une famille en deuil va chez le notaire pour régler « les problèmes de succession ». Comment s'y prend l'officier public ? Il a plusieurs manières de procéder.

171. PREMIER CALCUL : Le notaire établit un acte unique de notoriété, opinion et attestation de propriété immobilière (constatant la mutation par décès des immeubles de Pointe-Noire, évalués à 900 000F. Il en coûtera.. 9500 F

Frais d'enregistrement de la donation entre époux...... 500 F

Honoraires d'ouverture de donation entre

Epoux .... 272 F

Déclaration de succession (non indispensable) .... 10100 F

Et, éventuellement, un acte de partage des valeurs (livret de caisse d'épargne et compte bancaires 403 900 F)............................ 13 900 F

Selon cette deuxième façon de calculer le règlement de la succession de M. Ebossi, la famille aura déboursé 24 600 francs de plus. Pour rien.

On pourrait supposer, compte tenu des chiffres, que le notaire ayant appliqué le deuxième calcul a effectué un meilleur travail que son confrère qui a préféré le premier calcul. Il n'en est rien.

Les frais selon le deuxième calcul sont plus importants car, au lieu tout de regrouper en un acte, le deuxième calcul prévoit trois actes différents et donc trois perceptions de taxes au lieu d'une seule, des timbres fiscaux à apposer sur les pages (état civil du défunt, de son épouse, des trois enfants répétés dans trois actes). S'y ajoute la déclaration de succession qui aurait pu être remplacée par la demande de renseignement n°2715 (gratuite).

Le partage des livrets de caisse d'épargne et des comptes bancaires, qui pouvait se faire sans l'intervention du notaire puisque la famille s'entend bien et que Mme Ebossi bénéficie de l'usufruit des sommes placées sur les livrets de caisse d'épargne et sur les comptes bancaires, entraîne à lui seul des frais inutiles de 13 900 francs !

172. Deuxième hypothèse. Supposons maintenant que le couple Ebossi Lekoumou n'ait pas d'enfant. Comment les choses vont-elles se passer ?

Que faut-il faire ?

Il convient, impérativement, d'établir une déclaration de succession faisant ressortir que la valeur des actifs de communauté s'élève à .... 1 553 900 F

Les meubles meublants pourront être évalués comme précédemment à 5% de la valeur des autres actifs, soit à leur valeur vénale réelle. Dans ce cas, le notaire doit établir un inventaire. Supposons que ces meubles soient vétustes, de peu de valeur et qu'ils soient estimés par un commissaire-priseur à .... 28.000 F

L'actif de la communauté aura une valeur totale de......... 1 581 900 F

dont la moitié revenant à la succession de M. Ebossi s'élevant à ...... Mme Ebossi, grâce à la donation entre époux, recueillera cette valeur en toute propriété. Elle aura droit à un abattement légal de 330 000 francs. Elle devra donc payer des droits de succession sur : 790 950F- 330 000F = 460 950F soit :

5% x50 000F = ... 2 500 F
10% x 50.000F = ... 5 000 F
15% x 100 000F =............................ 15 000 F
20% x 260 950F = ... 52 190 F
Total des droits à la charge de Mme Lekoumou 74 690 F

Dans cette deuxième hypothèse, Mme veuve Lekoumou doit verser au Trésor public, la somme de 74 690 francs avant 1er juillet 1995, sans quoi elle s'expose à payer des pénalités supplémentaires.
Pourtant, le notaire consulté pour la donation entre époux aurait dû conseiller une autre solution aux époux Lekoumou, qui aurait permis à Mme veuve Ebossi Lekoumou d'économiser la somme de 74 690 francs ainsi que tous les autres frais du règlement de la succession.
Car le notaire devait conseiller aux époux Ebossi Lekoumou de changer de régime matrimonial pour adopter le régime de la communauté universelle avec attribution de la communauté au survivant.
Cela aurait entraîné des frais de l'ordre de 10 000francs. Mais cette solution aurait évité de payer par la suite des droits de succession et les frais d'une déclaration de succession. Voilà pourquoi il n'est jamais inutile de demander l'avis de plusieurs notaires avant de faire des choix importants qui engagent son conjoint ou sa famille.

173. Troisième hypothèse. Imaginons maintenant que les époux Ebossi Lekoumou n'aient pas trois mais un seul enfant et que le notaire leur conseille de faire l'inventaire du mobilier estimé à .... 28 000 F
La communauté s'élève donc à la valeur totale de .... 1 581 900 F
Dont la moitié revenant à la succession s'élève à .... 790 950 F
Supposons que Mme veuve Ebossi Lekoumou opte pour l'usufruit de la succession de son mari en vertu de la donation entre époux. Cette dernière, en fonction de son âge, est censée recueillir la valeur de 790 950 x 2/10 =.......................... 158 190 F
Mme Ebossi Lekoumou ne sera redevable d'aucun droit, la valeur recueillie par elle étant inférieure à l'abattement légal de 330 000francs.
L'unique enfant des époux Ebossi Lekoumou recueillera la différence, soit :
790 950 F -158 190 F = ... 632 760 F

Moins l'abattement légal de	300 000 F
Il sera donc redevable de droits de succession sur	332 760 F
qui seront calculés de la façon suivante :	
5% x 50 000F = ...	2 500 F
10% x 25 000 F = ...	2 500 F
15% x 25 000 F = ...	3 750 F
20% x 232 760 F = ...	46 552 F
Total des droits à payer	55 302 F

Si M. Ebossi (bien qu'âgé de plus de soixante-dix ans) avait retiré de son compte bancaire ordinaire 200 000 francs, même peu de jours avant son décès, pour souscrire un contrat d'assurance-vie dont le bénéficiaire aurait pu être l'épouse ou le fils, ou toute autre personne, M. Ebossi aurait évité 100 000F x 20% = 20 000F de droit de succession.

Pour bénéficier de cette exonération totale, mais légale, sur le capital placé dans un contrat d'assurance-vie, il suffit de s'adresser à une compagnie d'assurance, une banque, au percepteur ou au receveur de la Poste. Cette formule permet ainsi de transmettre un petit capital à n'importe qui désigné dans le contrat.

La seule limite, après soixante-dix ans, pour bénéficier d'un tel avantage fiscal est un plafonnement à 200 000 francs.

COMMENT CALCULER LES DROITS DE SUCCESSION ?

174. En ligne directe (descendants, ascendants, enfants bénéficiaires d'une adoption plénière, enfants bénéficiant d'une adoption simple réunissant les conditions de l'article 786 du code général des impôts.

TAUX	TRANCHES SUCCESSIVES

Abattement de 300 000 F par enfant

Ensuite 5% sur une tranche de .... 50 000 F
Ensuite 10% sur une tranche de .... 25 000 F
Ensuite 15% sur une tranche de .... 25 000 F
Ensuite 20% sur une tranche de .... 3 300 000 F
Ensuite 30% sur une tranche de .... 2 200 000 F
Ensuite 35% sur une tranche de .... 5 600 000 F
Ensuite 40% sur le surplus.

a) Entre époux

TAUX	TRANCHES SUCCESSIVES
Abattement de	330 000 F
Ensuite 5% sur une tranche de	50 000 F
Ensuite 10% sur une tranche de	50 000 F
Ensuite 15% sur une tranche de	100 000 F
Ensuite 20% sur une tranche de	3 200 000 F
Ensuite 30% sur une tranche de	2 200 000 F
Ensuite 35% sur une tranche de	5 600 000 F
Ensuite 40% sur le surplus.	

b) Entre frère et sœurs

TAUX	TRANCHES SUCCESSIVES

Abattement 100 000F s'il y a des conditions particulières, sinon 10 000 F
Ensuite 35% sur une tranche de .... 150 000 F
ensuite 45% sur le surplus.

c) Entre collatéraux jusqu'au 4e degré inclusivement, abattement 10 000F

Ensuite 55% sur le surplus.

d) Au-delà du 4e degré et non-parents :

Abattement de 10 000 F
Ensuite 60% pour le surplus

Exemples
Un enfant recueille 430 000F dans la succession de son père. Combien va-t-il payer de droits ?

Abattement 300 000 F	0F
Ensuite 5% x 50 000 F	2 500 F
Ensuite 10% x 25 000 F	2 500 F
Ensuite 15% x 25 000 F	3 750 F
Ensuite 20% x 30 000 F	6 000 F
Total :	14 750 F

Une épouse recueille 430 000F dans la succession de son mari. Combien va-t-elle payer de droits ?

Abattement 330 000 F	0F
Ensuite 5% x 50 000 F	2 500 F
Ensuite 10% x 50 000 F	5 000 F
Total :	7 500 F

L'EVALUATION FISCALE D'UN USUFRUIT

Age de l'usufruitier
Moins de 20 ans révolus : 7/10 de toute la propriété
Moins de 30 ans révolus : 6/10 de toute la propriété
Moins de 40 ans révolus : 5/10 de toute la propriété
Moins de 50 ans révolus : 4/10 de toute la propriété
Moins de 60 ans révolus : 3/10 de toute la propriété
Moins de 70 ans révolus : 2/10 de toute la propriété
Plus de 70 ans révolus : 1/10 de toute la propriété

Exemple. Un homme de 59 ans recueille l'usufruit d'une succession estimée à 760 000 francs. Quelle est la valeur fiscale de son usufruit ? Elle sera calculée de la façon suivante :
760 000F x 3/10 = ... 228 000 F

REDUCTION DES DROITS DE SUCCESSION

1° Tout héritier, légataire ou donataire bénéficie d'une réduction de droits s'il a trois enfants ou plus vivants, représentés, ou décédés après l'âge de 16 ans – ou avant pour faits de guerre. Cette réduction se calcule ainsi depuis le 1 er janvier 1981

- 4000 francs par enfant au-dessus du deuxième pour les successions en ligne directe ou entre époux.

- 2000 francs par enfant au-dessus du deuxième pour les successions en ligne collatérale ou les non-parents. La réduction est applicable à chaque mutation à titre gratuit espacée d'un délai d'au moins dix ans.

2° Les mutilés de guerre, s'ils sont frappés d'une incapacité d'au moins 50%. Ils bénéficient d'une réduction de droits de 50% limités à 2000 francs.
3° Les donations-partages, faites en application des articles 1075 et suivants du code civil, bénéficient d'une réduction de droits de :

- 25% si le donateur est âgé de moins de soixante-cinq ans au moment de la donation-partage ;

- 15 % si le donateur âgé de plus de soixante-cinq ans et de moins de soixante-quinze ans à l'époque de la donation-partage.

Si le donateur se réserve l'usufruit des biens donnés, la valeur desdits biens est réduite de la valeur fiscale de l'usufruit réservé par le donateur.
Exemple. Si un donateur âgé de 59 ans fait donation de biens évalués en toute propriété 800 000 francs dont il se réserve l'usufruit sa vie durant, la valeur donnée sera déterminée comme suit :

Valeur en toute propriété		800 000 F
Valeur de l'usufruit réservé 800 000 x3/10.		240 000 F
Valeur de nue-propriété donnée................	=	560 000 F

Les droits de donation ou donation-partage ne sont pas calculés sur la valeur des biens en toute propriété mais sur la valeur réduite de la valeur de l'usufruit réservé. Ce qui peut inciter, parfois, des parents à donner leurs biens de leur vivant à leurs enfants.

Il y a cependant des modifications des réductions en cours.

- Jusqu'au 31/12/1997 : réduction des droits à concurrence de 35% si le donateur a moins de soixante-quinze ans.
- Après le 01/01/1998 : réduction des droits à concurrence de 35% si le donateur a moins de soixante-cinq à soixante-quinze ans.

LES EXONERATIONS DE DROITS DE SUCCESSION

175. Les immeubles neufs. Les immeubles acquis neufs ou en état futur d'achèvement par acte authentique signé entre le 1 er juin 1993 et le 1er septembre 1994 (déclaration d'achèvement déposée avant le 1 er juillet 1994), exclusivement affectés à l'habitation principale de l'occupant ou du locataire de manière continue depuis l'acquisition ou l'achèvement, s'ils sont postérieurs, n'ayant pas ouvert droit à réduction d'impôt pour investissement mobilier locatif ou pour investissement outre-mer, bénéficient d'une exonération de droits dans la limite de 300 000 francs par part recueillie par chaque héritier ou légataire.

- Les monuments historiques. Sous condition que l'héritier ou le légataire souscrive une convention avec l'Etat permettant l'accès au public de l'immeuble classé ou inscrit à l'Inventaire supplémentaire et les meubles qui en constituent le complément.
- Les reversions de rentes viagères entre époux ou parents en ligne directe. Cette exonération peut intéresser beaucoup de personnes, de préférence des couples sans enfants qui peuvent vendre un immeuble (éventuellement en se réservant le droit d'habitation s'il s'agit de leur résidence principale) en stipulant que la rente ne supporte aucun droit de succession.
- Les contrats d'assurance-vie. Des liquidités peuvent être transmises par une personne au profit d'une tierce personne, parente ou non parente, en totale exonération des droits de succession lorsqu'elles ont fait l'objet d'un contrat d'assurance-vie. Depuis le 10 novembre 1991, l'exonération est

limitée à 200.000 francs sur la fraction des primes versées après soixante-dix ans.

- Les bois et forêts. Les successions et donations entre vifs sont exonérées à concurrence des ¾ de leur montant à condition que soient appliquées les dispositions de l'article 793-22 du code général des impôts.
- Les biens ruraux donnés à bail à long terme et parts de GFA (groupements fonciers agricoles) et de groupements forestiers. Lors de la première mutation à titre gratuit, chaque donataire ou légataire bénéficie d'un abattement de 75% de la valeur des biens jusqu'à 500 000 francs, 50% au-delà de cette somme.

L'exonération n'est définitivement acquise au donataire, héritier ou légataire que s'il conserve ses biens pendant au moins cinq ans.

LES PRESOMPTIONS FISCALES DE PROPRIETE

176. Les biens appartenant au défunt en usufruit, sont réputés, sur le plan fiscal, jusqu'à preuve du contraire, faire partie d'une succession d'un usufruitier toute valeur mobilière, tout bien meuble ou immeuble appartenant pour l'usufruit au défunt et pour la nue-propriété à l'un de ses présomptifs héritiers ou descendants d'eux, même écarté par testament, ou à ses donataires ou légataires institués, même par testament postérieur, ou des personnes interposées, à moins qu'il y ait eu donation régulière et que cette donation, si elle n'est pas constatée dans un contrat de mariage, ait été consentie plus de trois mois avant le décès. Sont réputées personnes interposées les personnes définies par les articles 91 et 1100 du code civil. Le redevable des droits est le nu-propriétaire, même non successible.

Concernant cette présomption, il convient de préciser le cas de figure suivant. M. Bouya achète à M. Ebossi une maison en nue-propriété, M. Ebossi se réservant l'usufruit de cette maison. MM. Bouya et Ebossi ne se connaissaient pas avant la transaction. Ils ne sont pas parents, mais ils ont sympathisé après la transaction. M. Ebossi qui n'a pas d'héritiers proches a voulu répartir ses biens entre ses meilleurs amis, surtout pour leur laisser un souvenir. Pour cela, il a rédigé un testament sur lequel il a écrit qu'il voulait que son bracelet-montre revienne à Bouya, le fils de l'acquéreur de sa maison.

Après le décès de M. Ebossi, les services fiscaux ont réclamé à M. Bouya, le père, des droits au taux de 60% sur la valeur de la maison qui lui a été vendue en nue-propriété, selon l'article 751 du code général des impôts, tout cela parce que le fils Bouya a été bénéficiaire d'un legs (souvenir) de M. Ebossi. Dans une telle situation, si M. Ebossi s'était réservé l'usufruit de la maison vendue pour l'habiter lui-même, il aurait mieux valu qu'il se réserve le droit d'habitation dans sa maison pendant toute sa vie ou il aurait été préférable que M. Ebossi ne pense pas au fils Bouya dans son testament. Le cadeau de Monsieur Ebossi au fils Bouya est bien, ici, un cadeau empoisonné.

- Les valeurs mobilières dont le défunt avait la propriété ou percevait les revenus,. sont présumées, jusqu'à preuve du contraire, faire partie de la succession, les actions, obligations, parts de fondateurs ou bénéficiaires, parts sociales ou toutes autres créances dont le défunt avait la propriété ou percevait les revenus ou à raison desquelles il a effectué une opération quelconque moins d'un an avant son décès (article 752 du CGI).

En matière de retrait bancaire, c'est à l'administration des services fiscaux de prouver que le défunt a conservé tout ou partie de la somme retirée.

DELAIS

177. Comme nous avons eu l'occasion de le dire, le délai pour déposer une déclaration de succession est de six mois à compter du jour du décès survenu au Congo. Ce délai est de deux ans pour la Réunion, si le décès s'est produit ailleurs qu'à Madagascar, à l'île Maurice, en Europe ou en Afrique. Et d'un an dans tous les autres cas.

PENALITES-MAJORATIONS

178. L'intérêt de retard est de 0, 75% du montant des droits (sous déduction des acomptes versés) par mois de retard à compter du premier jour du mois suivant l'expiration du délai. En outre, le retard peut donner lieu à application de majoration (susceptibles de remises) de :

- 10% à partir du septième mois de l'expiration du délai jusqu'à 90 jours après la première mise en demeure (cette première mise en demeure ne pouvant intervenir qu'un an après le décès).

- 40% à partir de 90 jours après la première mise en demeure jusqu'à 30 jours après la deuxième mise en demeure.
- 80% après un délai de 30 jours suivant la deuxième mise en demeure…

La taxation d'office peut être pratiquée à partir du 91e jour suivant la première mise en demeure.

Après le dépôt de la déclaration de succession, le défaut ou le retard de paiement des droits est ainsi sanctionné :

- 0,75% par mois au titre de l'intérêt de retard,
- et 40% de majoration en cas de mauvaise foi,
- ou 80% en cas de manœuvres frauduleuses. (Il est admis une tolérance d'insuffisance de déclaration de 1/10).

QUATRIEME PARTIE

GLOSSAIRE

Acquêts

Biens meubles ou immeubles acquis à titre onéreux pendant le mariage par l'un ou l'autre des époux ou par les deux.

Acte authentique

Il s'agit d'un acte reçu par un officier public comme le notaire. Les copies exécutoires (autrefois appelées grosses) sont susceptibles d'exécution forcée. Les actes authentiques ont valeur de jugement en dernier ressort, sauf à démontrer qu'il s'agit de faux.

Acte de notoriété

Acte établi dans un règlement de succession indiquant les héritiers d'un défunt. (Cet acte est établi systématiquement ; dans bien des cas il est inutile et pourrait être remplacé par un certificat d'hérédité délivré gratuitement par un maire).

Apostille

Mention faite en marge d'un acte.

Bail emphytéotique

Bail de très longue durée (quatre-vingt-dix-neuf ans).

Bénéfice d'inventaire

Lorsque le contenu d'une succession n'est pas connu, il est possible d'accepter un héritage » sous bénéfice d'inventaire » pour ne répondre des dettes éventuelles qu'à hauteur des sommes reçues.

Blanc-seing

Papier en blanc au bas duquel on appose sa signature et que l'on confie à un tiers pour qu'il le remplisse à sa guise. Avec les risques que cela comporte.

Bouquet

Capital versé en une seule fois lors de la conclusion d'une vente en viager.

Cadastre

Créé par Napoléon Ier (loi du 15-9-1807), le cadastre parcellaire est composé par l'ensemble des documents qui permettent la détermination des propriétés foncières. Révisée en 1930, la Conservation du cadastre et de la publicité foncière est entrée en vigueur le Ier janvier 1956.

Certificat de propriété

C'est l'acte par lequel un notaire certifie le droit de propriété d'une personne.

Codicille

Acte postérieur à un testament et qui le modifie.

Coïndivisaire

Personne se trouvant propriétaire dans l'indivision.

Commissaire-priseur

Officier ministériel chargé d'estimer les meubles dans les successions lors des inventaires et qui vend les meubles aux enchères publiques (volontaires ou forcées).

Communauté
Service administratif où sont déposés tous les actes authentiques opérant mutations de biens ou droits immobiliers ou constatant toutes servitudes sur biens immobiliers où sont centralisées toutes les garanties accordées sur des biens ou droits immobiliers.

Contrat
Convention liant des personnes ayant des intérêts opposés (vendeur-acheteur ; prêteur-emprunteur, mari-femme).

Contrat de mariage. C'est une convention régissant les biens matrimoniaux. En l'absence de contrat passé entre les époux, c'est le régime légal de la communauté, réduite aux acquêts, qui prévaut. Un contrat de mariage est impérativement signé chez le notaire avant la célébration du mariage

Contrat de révélation
Contrat que font signer les généalogistes à d'éventuels héritiers dans l'ignorance de leurs droits successoraux.

Créance
Propriété d'une valeur. S'oppose à dette. Le créancier est le propriétaire d'une valeur. S'oppose à débiteur.

Dation
Paiement d'une dette sous une forme différente que celle initialement prévue. Paiement des impôts en droits de mutation d'une succession sous forme de titres et de valeurs. Ce fut le cas, par exemple, lorsque l'Etat a reçu des œuvres de Picasso (décédé en 1973), dont l'héritage était évalué à plus d'un milliard de francs.

Débiteur
Personne qui est redevable d'une somme d'argent ou d'une obligation de faire, à l'égard de quelqu'un d'autre qui est le créancier.

Décès

La définition de la mort diffère d'un pays à l'autre. Généralement, on considère qu'une personne est morte lorsqu'elle ne respire plus et que son cœur ne bat plus. Pourtant la médecine permet actuellement de prolonger la vie, même artificiellement. En France, une personne est déclarée morte lorsque l'électroencéphalogramme est plat. En Grande-Bretagne on se fonde sur l'absence de réactivité bulbaire au gaz carbonique. Aux Etats-Unis, une personne est considérée comme décédée (depuis 1981) lorsque ses fonctions circulatoires et respiratoires ont cessé de façon irréversible ou lorsque les fonctions du cerveau ont cessé de façon irréversible. L'inconvénient de cette définition, c'est que de nombreux Américains dont la médecine entretient artificiellement la respiration ou la circulation sanguine devraient être officiellement déclarés « morts ».

De cujus

Le défunt.

Démembrement

C'est le fait de séparer l'usufruit et la nue-propriété d'un bien.

Dévolution

Attribution d'une succession ou d'une tutelle

Donataire

Personne qui reçoit une donation, qui en est la bénéficiaire.

Donateur

Personne qui, de son vivant, procède à une donation.

Donation

Acte par lequel une personne transmet sans contrepartie un bien à une autre personne.

Donation-partage

Acte par lequel un ascendant donne et partage de son vivant tout ou partie de ses biens entre tous ses descendants ou certains d'entre eux, et même des personnes extérieures à la famille.

Droit de mutation

Droits et taxes dus par le ou les bénéficiaires d'une succession lors de la transmission d'un bien, perçus par le Trésor public.

Droit de succession

Taxes dues au Trésor public par les personnes recueillant une succession.

Envoi en possession

Autorisation par ordonnance du président du tribunal de grande instance d'entrer en possession des biens d'une personne défunte.

Exécuteur testamentaire

Personne chargée d'exécuter les volontés d'une personne après son décès.

Fichier des testaments

Il existe un fichier central des dispositions des dernières volontés situé à Aix-en-Provence. Le notaire peut signaler l'existence d'un testament olographe, authentique ou mystique, ainsi que les donations entre époux avec l'accord de l'intéressé.

Grosse

C'est la copie d'un acte authentique revêtu de la formule exécutoire terme remplacé par « copie exécutoire », surtout utilisé par les juristes bien que supprimé du vocabulaire juridique.

Héritier

Bénéficiaire d'une succession. Il faut savoir que le conjoint survivant n'est pas héritier réservataire comme le sont les enfants ou les ascendants directs – sauf indication contraire exprimée dans un testament. La dévolution successorale a lieu dans l'ordre hiérarchique de cinq catégories d'héritiers (voir succession et réserve).

Hoirie

(Vieux français signifiant succession.) Se dit d'une donation faite à un héritier qui s'imputera sur sa part successorale. On parle de donation en avancement d'hoirie pour les distinguer des donations « préciputaires » ou « par préciput ».

Hypothèques
Depuis 1955, toute mutation des biens immobiliers doit être publiée par acte notarié au bureau des hypothèques du lieu.

Indivis
Il s'agit d'un bien ou d'une propriété qui ne sont pas divisés des parts. Situations dans lesquelles se trouvent plusieurs propriétaires qui héritent ou achètent ensemble un bien qui ne peut être divisé (un immeuble, par exemple).

Inventaire
Dénombrer et évaluer l'ensemble des biens, meubles, immeubles, titres, papiers, etc. d'une personne ou d'une collectivité. Mais aussi ses dettes éventuelles.

Légataire universel
Bénéficiaire de l'ensemble de la succession d'une personne décédée. Une personne peut instituer une ou plusieurs personnes en tant que légataire (s) universel (s).

Legs
C'est le don effectué par une personne après sa mort grâce à la rédaction d'un testament.

Legs de residuo
Legs réalisé au profit d'une personne, à charge pour elle de transmettre ce bien à une autre personne après son décès.

Minute
Original d'un acte notarié qui reste en dépôt chez un officier public. Celui-ci ne peut délivrer que des copies (expéditions) ou des extraits ; même chose pour l'original d'un jugement.

Notaire
Officier public, il rédige les conventions des parties, authentifie leur accord par des actes auquel il donne force de loi. Il effectue les formalités administratives nécessaires à la régularité et perçoit, pour le compte de l'Etat

les droits de mutation. Le vendeur peut faire appel au notaire de son choix. L'acheteur peut faire intervenir un deuxième notaire et les deux officiers partageront leurs honoraires sans supplément pour l'acheteur.

Nue-propriété

Propriété d'un bien dont on n'a ni l'usage ni la jouissance. La nue-propriété provient du démembrement avec un usufruitier. Le nu-propriétaire a vocation à devenir seul propriétaire d'un bien après extinction de l'usufruit bénéficiant à une ou plusieurs autres personnes.

Patrimoine

C'est l'ensemble des biens d'une personne en tenant compte de ses actifs (mobiliers, immobiliers, placements, etc.) et de son passif (ses dettes) ;

Préciput

Portion dont toute personne peut faire bénéficier un héritier en sus de la part qui lui reviendra dans l'héritage du donateur. Ce préciput ne doit pas dépasser la quotité disponible prévue par la loi, sous peine de voir l'excédent rapportable à la succession.

Prisée

Estimation des biens mobiliers lors d'un inventaire par exemple.

Quotité disponible

C'est la partie du patrimoine dont peut légalement disposer chaque personne sans que les héritiers réservataires puissent contester quoi que ce soit. (La quotité disponible est inversement proportionnelle à la réserve). La quotité disponible des parents varie en fonction du nombre d'enfants. Elle est de ½ en présence d'un enfant, 1/3 en présence de deux enfants, ¼ en présence de trois enfants ou plus.

Réserve

Partie du patrimoine qui revient obligatoirement aux héritiers réservataires (descendants ou ascendants).

Seing privé

Contrat liant deux personnes, pouvant être rédigé par un notaire, par tout autre juriste et même par les parties elles-mêmes. Il n'est pas revêtu de la formule exécutoire attachée aux actes notariés.

Acte établi sans faire appel à un officier public. La signature des parties (ou de leurs représentants) est indispensable. On passe un acte sous seing privé lors de la cession de bail, soumis à l'accord préalable du propriétaire, lors d'un compromis, c'est-à-dire quand les parties prenantes d'un litige désignent elles-mêmes un arbitre pour trancher leur différend, lors d'une reconnaissance de dette, de la vente d'un fonds de commerce, de la cession de droits sociaux, etc.

Soulte

Somme d'argent versée à un ou plusieurs autres par un copartageant qui a reçu un lot de biens d'une valeur supérieure à sa part.

Succession

C'est la transmission légale à des personnes vivantes des biens et des obligations d'une personne décédée. Par extension, il s'agit aussi de l'organisation de l'héritage et de son partage. L'ordre de succession concerne la manière dont la loi règle les successions *ab intestat* selon le degré de parenté des héritiers.

Il y a succession *ab intestat* lorsque le défunt est décédé sans avoir laissé de testament. Ses biens vont alors à ses héritiers qui, selon la loi, sont classés en ordre, appelés l'un après l'autre à la succession. 1° les descendants ; 2° les ascendants et collatéraux privilégies (père et mère d'une part, frères et sœurs et leurs descendants d'autre part) ; 3° Les ascendants ordinaires ; 4° le conjoint survivant ; 5° les collatéraux ordinaires.

Il y a succession testamentaire lorsque le défunt a fait un testament valable. Les bénéficiaires sont les légataires. On appelle succession vacante celle que personne ne réclame. Et succession en déshérence celle pour laquelle il n'existe ni légataire ni héritier au degré successible, et qui est alors dévolue à l'Etat.

Testament

C'est l'acte par lequel on déclare ses dernières volontés et dispose de ses biens pour le temps qui suivra sa mort. Il existe plusieurs types de testaments. Celui établi par deux notaires ou un notaire et deux témoins est dit **testament authentique.** Il est conservé dans les minutes de l'étude notariale. Il est inattaquable sauf dans de rares exceptions pour vice de forme.

Le testament mystique, assez rare, est l'acte présenté par les testateurs, cacheté et scellé, au notaire en présence de deux témoins. Il peut avoir été écrit par un autre et trouve son intérêt lorsque le testateur ne sait pas lire et ne veut pas révéler aux tiers ses dernières volontés.

Le testament olographe, le plus courant, est celui qui est rédigé à la main, daté et signé par le testateur. Il faut éviter les ratures ou surcharges et, lorsqu'elles existent, les mentionner. On peut conserver un testament olographe chez soi mais en prenant le risque qu'il soit égaré ou détruit. Il est préférable de le déposer chez un notaire ou de le placer dans le coffre d'une banque.

Tutelle
Mesure de sauvegarder des droits et intérêts d'une personne dite incapable soit qu'elle est mineure, soit qu'elle est majeure mais dans l'impossibilité de gérer son patrimoine.

Usufruit
Droit d'utiliser et de jouir des fruits (des revenus) d'un bien dont la nue-propriété (la propriété sans ses revenus) appartient à un autre. Le droit d'usufruit a un caractère personnel et temporaire. Il s'agit le plus souvent d'un droit viager. Il ne se transmet pas aux héritiers et prend fin à la mort de l'usufruitier ou à la date convenue de son extinction.

Valeur immobilière
Bien ne pouvant se déplacer (une terre, une maison) par opposition aux valeurs mobilières (qui sont mobiles, qui peuvent être déplacées).

Viager
Contrat qui s'exécute pendant la vie d'une personne. Exemple. Vente moyennant rente viagère. La rente est payée par un acheteur pendant toute la vie d'une ou plusieurs personnes qui sont souvent le ou les vendeurs.

Exemple : Vente moyennant des soins ou autres charges viagères. Ces soins ou charges sont dus par un acheteur pendant la vie d'une ou plusieurs personnes qui sont souvent le ou les vendeurs.

BIBLIOGRAPHIE SELECTIVE

1. Ouvrages généraux

Recueil des textes intéressant le notariat, publié par les éditions du Juris-Classeur pour le Conseil supérieur du notariat.

Juris-Classeur notarial, Formulaire, Répertoire et Code notarial, 70 vol.

ROULOIS, ouvrage de droit pratique publié par les éditions LexisNexis Juris-Classeur sous l'égide du Conseil supérieur du notariat.

2. Revues

Droit et patrimoine, ancien Journal des notaires et des avocats. Répertoire du notariat Defrénois.

Juris-Classeur périodique (semaine juridique), édition notariale.

Conseil supérieur du notariat : Notaires. Vie Professionnelle.

Ventôse, journal mensuel d'information notariale, bulletin du syndicat national des notaires.

Jeune notariat. Évolution et tradition.

Notariat 2000.

3.- Publications annuelles

Rapports de l'Assemblée de liaison des notaires de France

- Les structures d'exercices (session 2000).

- *Retraite et prévoyance des notaires (session 2001).*
- *Le notaire et le consommateur (session 2002).*
- *Le notaire dans l'ordre judiciaire (session 2003)*
- *La gestion des ressources humaines dans le notariat (session 2004).*
- *Les valeurs fondamentales du notariat (session 2005).*

Congrès des Notaires de France

Discours d'ouverture et rapports :

89e Cannes, 1993, *Urbanisme et sécurité juridique.*

90e Nantes, 1994, *Protection de l'environnement : de la contrainte au contrat.*

91e Tours, 1995, *Le droit et l'enfant.*

92e Deauville, 1996, *Le monde associatif.*

93e Strasbourg, 1997, *L'investissement immobilier.*

94e Lyon, 1998, *Le contrat.*

95e Marseille, 1999, *Demain la famille.*

96e Lille, 2000, *Le patrimoine au XXIe siècle*

97e Montpellier, 2001, *Les collectivités locales.*

98e Cannes, 2002, *Le patrimoine professionnel.*

99e Deauville, 2003, *La vente immobilière.*

100e Paris, 2004, *Code civil, Les défis d'un nouveau siècle.*

101e Nantes, 2005, *Les familles sans frontières en Europe.*

102e Strasbourg, 2006, *Les personnes vulnérables.*

4. Ouvrages spéciaux, rapports et articles

AMBOULOU (H.D), Le notariat congolais de 1960 à nos jours. Hemar 2005.

AMBOULOU (H.D), La légalisation et l'authentification des actes, Hemar, 2009.

AMBOULOU (H.D), Le notaire et le service public, L'Harmattan, 2008.

AMBOULOU (H.D), Les libéralités et les successions en droit congolais, L'Harmattan, 2009.

AMBOULOU (H.D), La cause et l'objet des obligations civiles, Editions Hemar 2010.

AMBOULOU (H.D), La représentation d'un époux par l'autre et l'intervention de la justice. Recueil des articles Juridiques éd. Hydam, Inédit.

AMBOULOU (H.D), La profession séparée de la femme et les biens réservés. Recueil des articles Juridiques éd. Hydam, Inédit.

AUBERT (J.L.), Responsabilité professionnelle des notaires : Defrénois, 4e éd., 2002.

Caisse Centrale de Garantie, La pratique de la garantie collective du notariat, 1980.

- Guide de l'administrateur et de suppléant d'un office notarial, 1989.

CHAINE (L), Le notariat et la sécurité juridique dans les rapports de droit privé. Discours d'ouverture au 62e congrès des Notaires de France, Perpignan, 1964. Actes du congrès, t. II, p. 134 et s.

– Notes sur l'évolution du notariat : JCP N 1976, prat. P. 375 et 385.

– L'authenticité et le notariat : JCP N 1985, I, p. 125.

DECORPS (J.P.), Le devoir de conseil du notaire en matière d'urbanisme : JCP 1973, I, 2583.

– Les enjeux du notariat en Europe : JCP 2003, n° 36, 1480, p. 1480.

– La coopération notariale française en Chine (entretien) : JCP N 2005, n° 41, 1409.

DEWAS, *La garantie collective de la responsabilité professionnelle des notaires, thèse,* Paris II, 1973.

ESPOGNO, *La responsabilité civile des notaires, thèse,* Toulouse, 1952.

FLORIOT et COMBALDIEU, *le secret professionnel*, 1973.

FLOUR, Mélanges : Articles sur le formalisme.

GACHANCARD (C.H). La responsabilité du notaire en droit congolais, Mémoire ENAM, Brazzaville 2009-2010.

JOBIN (P.G.), Notariat Québécois : RTD civ. 1999, n°3, p. 746.

LAGUERRENNE, *Comparaison des modes d'exercice de la profession notariale,* IIIe congrès du Notariat latin, t. I, p. 139.

LA MARNIERRE (DE), *La pratique notariale et la formation du droit positif français,* IIIe congrès du Notariat, p. 223.

LAPEYRE, *La fonction sociale du notaire artisan du droit autonome de la forme,* IIIe congrès du Notariat latin, Paris, 1954, t. I, p. 157.

LASOURNE (J.), MENDRAS (H.), RAYNAUD (P.) et RIVERO (J.), Le notariat français, analyse et perspectives, 1983.

LOTHE (L.-G.), De la déontologie notariale, Lille, 1958.

MAGNAN (J.-L.), *Le notariat et le monde moderne,* thèse Bordeaux, LGDJ, 1979.

MAIGRET (H.), *Discours à la séance de clôture du IIIe congrès du Notariat latin,* Paris, 1954, t.I, p. 241.

MOREAU, Métamorphose du Scribe. Histoire *du Notariat français,* 1989.

– *Le notaire dans la société française. D'hier à demain,* éd. Economica, coll. « Mieux connaître », 1999.

MOUKASSA-NGOULOU, Le testament dans la dévolution successorale au Congo, Mémoire ENAM Brazzaville 2009-2011.

NUNEZ LAGOS, *Les concepts schématiques de l'acte authentique*, traduit de l'espagnol par René DESCHAMPS-MAISON, éd. Larcier, Bruxelles, 1954.

PESTOURIE et VACCHAREZZA, L'apport du droit comparé dans la technique notariale, extrait du livre du centenaire de l'étude de la législation comparée, 1969.

PILLEBOUT (J.F.), Le notariat : J.CL. *Notarial, Formulaire*, Vol. 4, Notariat.

– Le « partnership » *dans le notariat* : JCP N 1991, prat. 1969, 511.

– Les conflits entre associés. Prévention et remèdes : JCP N 1994, prat. 2856, p. 41.

POULPIQUET (DE) (J.), *La responsabilité notariale civile, disciplinaire, pénale*, Dalloz, 2003.

REZNIS (B.), Signature électronique et acte authentique : Le devoir d'inventer… (Étude) : JCP N 2003, n° 13, 1238, p. 504.

RIOUFOL (J.) et RICO (F), Le notariat français, PUF, coll. « Que sais-je ? », 1979.

ROUZET (G.), La *déontologie notariale*, cours de maîtrise, université de Bordeaux I.

– Précis de *déontologie notariale, PUF,* Bordeaux, 3e éd. , 1999.

– Mémento sur *le secret professionnel notarial,* PUF, Bordeaux, 2e éd. 1998.

SANSEAU (Y.), *Garantie de la responsabilité professionnelle des notaires* : Defrénois, 1976.

SOURIOUX (J. L.), Recherches sur le rôle de la formule notariale dans le droit positif, thèse, Paris, 1965.

YAIGRE (J.), Codification du droit notarial, IIIe congrès du Notariat latin, Paris, 1954, p. 421 et suiv.

– Le notaire et la juridiction volontaire, rapport au VIIIe congrès du Notariat latin, Mexico, 1965.

TABLE DE MATIERES

Préface ... 9
Avant-propos ... 11
Présentation et plan du livre ... 15
PREMIERE PARTIE
GENERALITES SUR LA PROFESSION DE NOTAIRE ... 17
2. Authenticité ... 17
CHAPITRE PREMIER
LE DROIT DE LA PREUVE ... 19
Section 1. Notion ... 19
Paragraphe 1. Importance pratique ... 19
5. Principe ... 19
Paragraphe 2. Divers modes de preuve ... 21
7. Preuve écrite ou testimoniale ... 21
8. Définition ... 23
9. Authenticité ... 23
10. Fondement ... 24
Section 2. La force attachée à l'acte notarié ... 24
Paragraphe 1. La force probante ... 24
12. Limites ... 25
13. Nullité de l'acte ... 25
Paragraphe 2. La force exécutoire ... 25
Paragraphe 3. L'acte sous signatures privées ... 26
Paragraphe 4. Avantages de l'acte notarié ... 28
Section 3. Authenticité obligatoire ou facultative ... 28
Paragraphe 1. Capacité ... 29
19. Précisions ... 30
20. Incapacité de fait ... 30
21. Personnes morales ... 31
Paragraphe 2. Représentation conventionnelle ... 31
23. Forme ... 32
24. Pratique ... 32

25. Exécution du mandat 33
26. Intervention 33
Section 4. Le corps de l'acte 34
Paragraphe 1. Divers éléments 34
Paragraphe 2. Rédaction de l'acte proprement dit 35
28. Contenu 35
Paragraphe 3. Règles de forme 36
30. La clôture 37
31. Lieu 38
32. Date 38
33. Lecture – Signature 38
34. Habilitation 38
35. Exceptions 39
Section 5. Les différentes formes juridiques de l'acte notarié 40
Paragraphe 1. Les minutes 40
Paragraphe 2. Les brevets 40
Paragraphe 3. Concours 41
39. Actes à la suite 42
40. Annexes 42
41. Attestations – Certificats 42
CHAPITRE II
LE DROIT DE LA FORME 45
Paragraphe 1. Formalisme et consensualisme 45
44. Avantage du formalisme 46
45. Tendance législative 46
Section 1. Le notaire, conseil des parties 47
Paragraphe 1. Principe 47
Paragraphe 2. Développement de l'activité de conseil 48
48. Jurisprudence 48
49. Rôle de médiation 49
Paragraphe 3. Le notaire, chef d'entreprise 49
1. Gestion 50
2. Restriction 50
Paragraphe 4. Garde et conservation des minutes 51
54. Cas de dessaisissement 52
55. Modalités de dessaisissement 52

Paragraphe 5. Les copies d'actes 53
57. Formes 53
1. La copie exécutoire 54
59. Forme 54
60. Délivrance – Effets 54
61. Interdiction des grosses au porteur 55
62. Endossement 55
63. Remise – perte 56
2. Les expéditions ou copies authentiques 56
3. Les extraits 57
4. Copie collationnée 57
5. Copie pour publicité foncière 57
Paragraphe 6. Répertoire 58
69. Formalités 59
70. Dépôt 59
Section 2. Déclarations des parties et certificats 59
Paragraphe 1. Déclarations des parties 59
Paragraphe 2. Attestations - Certificats 60
Paragraphe 3. Prérogatives et attributs des notaires 60
Paragraphe 4. Protection du notaire 61
Paragraphe 5. Présence imposée pour la validité de l'acte 61
76. Deuxième notaire appelé par l'une des parties 62
Section 3. Témoins 62
Paragraphe 1. Témoins instrumentaires 62
Paragraphe 2. Témoins certificateurs 63
Section 4. Indisponibilité ou décès du notaire 63
Paragraphe 1. Substitution 63
Paragraphe 2. Suppléance 64
Paragraphe 3. Administration 65
Section 5. L'acte notarié instrument de preuve 65
DEUXIEME PARTIE
DEONTOLOGIE NOTARIALE 67
CHAPITRE PREMIER
LES OBLIGATIONS DU NOTAIRE 69
Section 1. Obligations positives 69

Section 2. Interdictions faites aux notaires 70
Paragraphe 1. Incompatibilités 70
Paragraphe 2. Conjoint du notaire 71
Paragraphe 3. Activités interdites 71
Section 3. Règlementation des prêts 72
Section 4. Intérêt personnel 73
Section 5. Parenté et alliance 75
CHAPITRE 2
RESPONSABILITE PENALE 77
Section 1. Le faux et l'abus de confiance 77
CHAPITRE III
RESPONSABILITE DISCIPLINAIRE 81
Section 1. Les règles de la discipline notariale 81
97. Surveillance permanente 81
98. Sanctions disciplinaires 81
Section 2. Différence avec la responsabilité civile 82
100. Source du droit disciplinaire 83
Paragraphe 1. Les peines disciplinaires 83
102. Enumération des peines 83
103. Effet des peines 84
104. Peines complémentaires 84
105. Suspension provisoire 85
106. Infraction fiscale 85
107. Curatelle 86
Section 3. Le notaire, conseil et conciliateur 86
Paragraphe 1. Conseil 87
Paragraphe 2. Autres missions du notaire 88
1. Missions données par les tribunaux 88
2. Missions données par la clientèle 88
3. Droit à réparation du préjudice subi par la faute du notaire 89
Paragraphe 3. Droits et obligations du notaire 90
1. Ministère obligatoire 90
2. Devoir de conseil 90
3. Compétence technique 91
4. Intégrité morale 91

Section 4. Secret professionnel 92
Paragraphe 1. Nature et fondement du secret professionnel 92
118. Fondement 93
Paragraphe 2. Confidences garanties par le secret professionnel 93
Paragraphe 3. Limites du secret professionnel 95
121. Ordre de la loi 95
123. Acte soumis à publicité 96
124. Missions 96
125. Défense du notaire 97
Paragraphe 4. Conflit du secret et de l'obligation de témoigner en justice 97
Paragraphe 5. Consentement du créancier du secret professionnel 98
Section 5. La numération du notaire 98
Paragraphe 1. Les émoluments 98
Paragraphe 2. Débours 100
131. Négociation 100
Paragraphe 3. Honoraires libres 100
133. Recouvrement - Compte 101
CHAPITRE IV
RESPONSABILITE CIVILE DES NOTAIRES 103
Section 1. Nature, fondement et étendue de la responsabilité civile du notaire 104
Paragraphe 1. Nature de la responsabilité 104
136. Evolution de la Jurisprudence 104
137. Incidence de l'assurance 105
138. Principe et preuve 106
Paragraphe 2. Fondement de la responsabilité 106
Section 2. Causes d'atténuation et d'exonération de la responsabilité notariale 107
Paragraphe 1. Degré de connaissances juridiques du client 107
1. Assistance du client par un autre conseil 108
2. Participation plus ou moins importante à la conclusion de la convention 108
Paragraphe 2. Faute du client 108
Paragraphe 3. Questions controversées 109
Paragraphe 4. Reconnaissance de conseils donnés 110
Paragraphe 5. Compétence et prescription 110
Section 3. Conditions requises pour le succès d'une action en responsabilité civile contre un notaire 111

Paragraphe 1. La faute 111
Paragraphe 2. Le préjudice 112
Paragraphe 3. Lien de causalité entre faute et préjudice 112
Paragraphe 4. Assurance responsabilité 113
Section 4. Causes de responsabilité notariale 114
Paragraphe 1. Notaire officier public 114
Paragraphe 2. Notaire-conseil 115
155. Principe 115
3. Applications 115
Paragraphe 3. Notaire mandataire 117
Section 5. Notaire responsable du fait des clercs et des employés 117
160. Autres cas de responsabilité du notaire 118
Section 6. La garantie collective de la responsabilité professionnelle des notaires 118
Paragraphe 1. Etendue de la garantie collective 119
TROISIEME PARTIE
CONSEILS PRATIQUES EN CAS DE MUTATION DE PROPRIETE
ET DE CALCUL DES DROITS 121
163. Transfert de propriété 121
164. Emprunt bancaire 122
165. Acquisition - partage 123
166. Les successions 124
167. Donation et donation-partage 126
168. Droits de donation 127
169. Acte d'achat 128
CALCUL DES DROITS DE SUCCESSION 128
170. Première hypothèse 128
171. Premier calcul 130
172. Deuxième hypothèse 131
173. Troisième hypothèse 132
COMMENT CALCULER LES DROITS DE SUCCESSION ? 133
QUATRIEME PARTIE
GLOSSAIRE 141
BIBLIOGRAPHIE SELECTIVE 141

Questions juridiques aux éditions L'Harmattan

PRÉSIDENT (LE) DE LA RÉPUBLIQUE
Arbitrer, diriger, négocier
Frangi Marc
A l'origine, le Président de la République devait être l'arbitre du jeu institutionnel quotidien et le garant de la continuité de l'Etat en cas de péril. Depuis 1958, on constate deux évolutions importantes : d'une part, en l'absence de cohabitation, le Président est considéré comme chef de l'Etat, chef de l'équipe gouvernementale et chef de la majorité parlementaire ; d'autre part, la mondialisation et la construction européenne ont modifié la conception de la souveraineté. Paradoxalement, la fonction présidentielle n'a jamais été aussi puissante, mais aussi encadrée.
(Coll. Logiques Juridiques, 22.00 euros, 218 p.) *ISBN : 978-2-296-97008-3*

CRIMINOLOGIE À L'UNIVERSITÉ
Mythes... et réalités
Cario Robert, Herzog-Evans Martine, Villerbu Loïck
L'enseignement, la recherche et la formation en criminologie méritent d'être beaucoup mieux intégrés au sein de l'Université française. Prévenir, réprimer et traiter le phénomène criminel suppose, que des enseignements transdisciplinaires soient accessibles au plus grand nombre dans des UFR de criminologie. Cet opuscule permet d'offrir à tous une analyse concrète de la situation.
(Coll. Controverses, 12.00 euros, 106 p.) *ISBN : 978-2-296-96538-6*

ENCYCLOPÉDIE DU DROIT OHADA
Sous la direction de Pougoue Paul Gérard
Paul-Gérard Pougoué lance une oeuvre d'envergure en se proposant d'offrir un «corpus juris» doctrinal et jurisprudentiel de la législation de l'OHADA. Cette encyclopédie expose l'ensemble des règles adoptées par l'OHADA, et est construite autour de 91 entrées, traitées en ordre alphabétique par 63 auteurs. Le plus grand soin est apporté à leur détermination, afin de répondre aux diverses logiques au coeur du droit OHADA et aux besoins de la société ainsi qu'aux exigences des usagers. (Couverture cartonnée).
(160.00 euros, 2185 p., 220 mm x 300 mm, couverture cartonnée) ISBN : 978-2-296-55773-4

DROIT DES ORGANISATIONS INTERNATIONALES
Notes de cours à l'usage des étudiants en droit
(Deuxième édition, revue et corrigée)
Mulamba Mbuyi Benjamin - Préface d'Auguste Mampuya Kanunk'a-Tshiabo
Les organisations internationales sont d'une multiplicité et d'une diversité jamais connues au cours du siècle passé. Chaque organisation est fondée sur son acte constitutif qui définit les règles qui lui sont propres. Cependant on constate que celles-ci ne peuvent s'implanter dans la réalité internationale que par la volonté des Etats. La théorie générale des organisations internationales est impossible à formuler, on ne peut pas pour l'heure parler d'un droit des organisations internationales.
(Coll. Notes de cours, 18.00 euros, 172 p.) *ISBN : 978-2-296-96376-4*

OUTRAGE (L') AUX TRIBUNAUX PÉNAUX INTERNATIONAUX
Pétré Julie - Préface du professeur Hervé Ascensio
Avec l'infraction d'outrage au tribunal, les tribunaux pénaux internationaux ont considérablement élargi leur champ d'incrimination. Cet élargissement soulève des interrogations relatives à la légitimité d'une telle responsabilité, ainsi qu'à son utilité. S'inscrivant dans un contexte de multiplication des affaires d'outrage aux tribunaux pénaux internationaux, cet ouvrage met en exergue les difficultés inhérentes à ce mouvement.
(Coll. Justice Internationale, 17.00 euros, 152 p.) *ISBN : 978-2-296-57013-9*

PERSONNALITÉ (LA) JURIDIQUE DES ANIMAUX JUGÉS AU MOYEN AGE (XIIIe-XVIe siècles)

Chauvet David

Les animaux doivent-ils être considérés comme des personnes ? David Chauvet tente d'apporter une réponse par l'analyse juridique des procès d'animaux au Moyen Age. Il s'intéresse en effet à l'enclenchement d'un processus de personnification des animaux et démontre que les éléments constitutifs de cette personnification juridique s'inscrivent dans une vision non réificatrice des animaux que l'on juge, tendant à les considérer comme de véritables acteurs de leur rapport juridique et moral avec les hommes.

(16.00 euros, 158 p.) *ISBN : 978-2-296-56990-4*

PREMIÈRES ASSISES INTERNATIONALES DE LA MÉDIATION JUDICIAIRE – * DVD *
La médiation, langage universel de règlement des conflits

GEMME-FRANCE

«La médiation, langage universel de règlement des conflits», Paris Palais du Luxembourg, 16 et 17 octobre 2009. La médiation dans le monde. Captation d'une conférence sur la médiation judiciaire d'octobre 2009, organisée par GEMME-FRANCE. Thématiques : «Médiation en Europe» / Médiation en Amérique» / «Médiation en Asie» / «Médiation en Afrique» / «Médiation familiale internationale».

(15.00 euros) *ISBN : 978-2-296-56761-0*

RÉUSSIR SON CAS PRATIQUE EN DROIT DE LA FAMILLE
Sujets corrigés

Da Silva Valérie

Après une introduction consacrée à la méthode, sont évoqués le concubinage, le pacte civil de solidarité (pacs), les fiançailles, le mariage, le divorce, la séparation de corps et de fait, puis le droit de la filiation. Des cas pratiques transversaux permettent ensuite de réviser l'ensemble du programme de droit de la famille. Voici un outil pédagogique essentiel à la compréhension du cas pratique et à l'accompagnement dans l'apprentissage du cours.

(Coll. Bibliothèques de droit, 20.00 euros, 200 p.) *ISBN : 978-2-296-96065-7*

CHOISIR SON DROIT
Conséquences économiques du choix du droit applicable dans les contrats internationaux

Sous la direction de Pascal Durand-Barthez et François Lenglart

Parmi les différents objectifs de cette recherche, la Fondation pour le Droit Continental identifie les éléments déterminant le choix du droit dans les contrats internationaux, proposant une réponse aux interrogations que fait naître le «combat des normes» dans les institutions et négociations internationales. Ce rapport conforte ceux qui soutiennent qu'il peut être opportun, dans de nombreux cas de négociations internationales, d'utiliser un droit romano-germanique plutôt qu'un droit de *common law.*

(Coll. Entreprises et Management, 27.00 euros, 262 p.) *ISBN : 978-2-296-96070-1*

QUELLE PLACE POUR LES COLLECTIVITÉS TERRITORIALES DANS LA POLITIQUE DE L'EMPLOI ?

Sous la direction de Virginie Donier

La politique de l'emploi est une compétence qui demeure dans le giron étatique. Pourtant, les collectivités territoriales sont amenées à exercer des attributions susceptibles de servir et de compléter les orientations définies au niveau national. Ce livre analyse les relations des collectivités territoriales avec l'État dans le domaine de l'emploi afin de s'interroger sur la complémentarité de leurs interventions respectives, et sur la marge de manoeuvre dont disposent les échelons locaux.

(Coll. Grale, 28.00 euros, 282 p.) *ISBN : 978-2-296-96828-8*

ASSISTANCE (L') ÉLECTORALE MULTILATÉRALE
Promouvoir la paix par la démocratie

Nestorovic Sacha - Préface de Hervé Cassan

La démocratisation des États, activité essentielle des opérations de paix déployées dans les pays en sortie de conflit, est principalement réalisée par l'assistance électorale des

organisations intergouvernementales, et se manifeste, sous sa forme la plus visible, par l'organisation d'élections régulières pour la mise en place d'un pouvoir démocratique. Cet ouvrage en analyse les contours juridiques et politiques, ainsi que sa véritable contribution à la construction d'une paix durable.
(Coll. Logiques Juridiques, 26.00 euros, 254 p.) *ISBN : 978-2-296-96689-5*

L'HARMATTAN, ITALIA
Via Degli Artisti 15; 10124 Torino

L'HARMATTAN HONGRIE
Könyvesbolt ; Kossuth L. u. 14-16
1053 Budapest

ESPACE L'HARMATTAN KINSHASA
Faculté des Sciences sociales,
politiques et administratives
BP243, KIN XI
Université de Kinshasa

L'HARMATTAN CONGO
67, av. E. P. Lumumba
Bât. – Congo Pharmacie (Bib. Nat.)
BP2874 Brazzaville
harmattan.congo@yahoo.fr

L'HARMATTAN GUINÉE
Almamya Rue KA 028, en face du restaurant Le Cèdre
OKB agency BP 3470 Conakry
(00224) 60 20 85 08
harmattanguinee@yahoo.fr

L'HARMATTAN CAMEROUN
BP 11486
Face à la SNI, immeuble Don Bosco
Yaoundé
(00237) 99 76 61 66
harmattancam@yahoo.fr

L'HARMATTAN CÔTE D'IVOIRE
Résidence Karl / cité des arts
Abidjan-Cocody 03 BP 1588 Abidjan 03
(00225) 05 77 87 31
etien_nda@yahoo.fr

L'HARMATTAN MAURITANIE
Espace El Kettab du livre francophone
N° 472 avenue du Palais des Congrès
BP 316 Nouakchott
(00222) 63 25 980

L'HARMATTAN SÉNÉGAL
« Villa Rose », rue de Diourbel X G, Point E
BP 45034 Dakar FANN
(00221) 33 825 98 58 / 77 242 25 08
senharmattan@gmail.com

L'HARMATTAN TOGO
1771, Bd du 13 janvier
BP 414 Lomé
Tél : 00 228 2201792
gerry@taama.net

Achevé d'imprimer par Corlet Numérique - 14110 Condé-sur-Noireau
N° d'Imprimeur : 89847 - Dépôt légal : juillet 2012 - *Imprimé en France*